基于"主题式学习"的
小学生量感培养体系创新研究

刘海庆　著

东北大学出版社

·沈　阳·

图书在版编目(CIP)数据

基于"主题式学习"的小学生量感培养体系创新研究 /
刘海庆著. -- 沈阳：东北大学出版社，2024.10.
ISBN 978-7-5517-3677-0

Ⅰ. G623.502

中国国家版本馆 CIP 数据核字第 2024UR3235 号

出 版 者：东北大学出版社
　　　　　地址：沈阳市和平区文化路三号巷 11 号
　　　　　邮编：110819
　　　　　电话：024-83683655(总编室)
　　　　　　　　024-83687331(营销部)
　　　　　网址：http://press.neu.edu.cn
印 刷 者：抚顺光辉彩色广告印刷有限公司
发 行 者：东北大学出版社
幅面尺寸：185 mm×260 mm
印　　张：7.5
字　　数：143 千字
出版时间：2024 年 10 月第 1 版
印刷时间：2024 年 10 月第 1 次印刷
责任编辑：邱　静
责任校对：王　旭
封面设计：张田田　潘正一
责任出版：初　茗

ISBN 978-7-5517-3677-0　　　　　　　　　　定　价：45.00 元

前　言

在当今这个充满机遇与挑战的时代，对小学生的教育不再局限于传统的知识传授，而更加注重培养小学生的综合素质和跨学科能力。量感作为小学生数学素养的重要组成部分，不仅是他们理解数学概念和解决实际问题的基础，更是他们未来适应社会生活、发展创新思维的关键。因此，构建一个基于"主题式学习"的小学生量感培养体系尤为重要。

本书采用理论与实践相结合的方法，从主题式学习基础出发，对小学生量感培养进行概述，论述了"主题式学习"在小学生量感培养中的应用，并对基于"主题式学习"的小学生量感培养体系创新、基于"主题式学习"的小学生量感培养实践进行了探索。希望本书能够在基于"主题式学习"的小学生量感培养体系创新方面为读者提供帮助。

在写作本书过程中，著者参阅了与本书主题相关的文献资料，在此，谨向相关作者深表谢忱。

由于著者水平有限，本书难免存在疏漏和缺点，诚请广大读者批评指正、同行不吝赐教。

著　者

2024 年 2 月

目　录

第一章 "主题式学习"概述

第一节 "主题式学习"的基本概念

一、"主题式学习"的定义

"主题式学习"作为一种突破传统学科界限、整合不同知识领域的创新性教学模式，其基本概念在于以跨学科的主题为核心，引导学生主动探究、合作学习，从而实现知识体系的建构和知识的迁移。这种学习方式不仅能够激发学生的学习兴趣，提高学习效率，更有助于培养学生的核心素养和必备品格。

"主题式学习"的核心在于打破传统学科的界限，以跨学科的主题为组织原则，整合不同领域的知识和技能。例如，以"水"为主题，可以综合地理、生物、化学、环保等多个学科的内容，引导学生从不同角度认识水资源的重要性、水污染的危害以及水资源保护的措施。这种学习方式能够帮助学生建立起完整的知识网络，加深对事物本质的理解，提高分析问题和解决问题的能力。

在"主题式学习"中，教师不再是知识的权威和传播者，而是学习的组织者、引导者和协作者。教师需要精心设计学习主题，为学生提供丰富多样的学习资源和探究机会，鼓励学生自主学习、合作探究。同时，教师还要适时给予点拨启发，帮助学生梳理知识脉络，提升思维层次。在这个过程中，教师和学生形成了平等互动的关系，共同成长、共同进步。

对于学生而言，"主题式学习"为其提供了展示自我、发挥特长的舞台。学生可以根据自己的兴趣爱好选择感兴趣的主题，通过独立思考和团队协作来完成探究任务。在探究过程中，学生不仅能够获得知识、技能，还能锻炼语言表达、人际交往、解决问题等关键能力，增强自主学习和终身学习的意识。这种学习方式充分尊重了学生的个体差异和发展需求，让每个学生都能找到适合自己的学习方式，获得个性化发展。

二、"主题式学习"的理论基础

从心理学和认知科学的视角来看，"主题式学习"能够很好地契合学生认知发展的规律。认知发展理论指出,儿童的认知是在主动作用环境的过程中逐步形成的。"主题式学习"为学生提供与环境互动、主动建构知识体系的平台。学生在探究主题的过程中,不断同化新的信息,调适已有的认知图式,最终建构起系统完整的知识结构。最近发展区理论为"主题式学习"提供了重要启示。该理论指出,在教师和同伴的帮助下,学生能够达到比独立探究更高的认知水平。"主题式学习"中的小组合作学习恰恰体现了这一理念。学生在与他人的互动中,通过对话、讨论、辩论等方式,不断深化自己的理解,实现认知水平的提升。

"主题式学习"借鉴了认知科学中的相关理论,如情境学习理论、分布式认知理论等。情境学习理论认为,学习应该发生在真实的情境中,知识与具体情境相联系,才能真正内化为学生自己的认知结构。"主题式学习"通过创设贴近学生生活的真实情境,引导学生在具体情境中探究和应用知识,促进知识的迁移和内化。分布式认知理论强调,认知不仅发生在个体头脑中,更分布于个体、他人、工具和环境之中。"主题式学习"提倡学生运用各种认知工具,在与环境、他人的互动中建构知识体系,很好地体现了分布式认知的理念。

三、"主题式学习"的核心特点

(一)学习目标明确

与传统教学模式相比,"主题式学习"更加注重学习目标的具体化和可操作性。教师在设计"主题式学习"活动时,要根据课程标准和学生实际,确定明确、具体的学习目标。学习目标不仅包括知识与技能,还涵盖学生情感、态度、价值观等。只有目标明确,教师才能有针对性地组织教学,学生才能明确学习方向,主动调动学习的积极性。

学习目标的明确性体现在与主题的紧密联系上。在"主题式学习"中,各学科的学习内容都要围绕主题来组织,服务于主题的探究。学习目标必须与主题相关,能够引导学生在探究主题的过程中获得知识、能力与情感的提升。同时,学习目标还要具有层次性和系统性,既要覆盖主题式学习各环节的具体目标,又要统领整个主题式学习的总目标。这种纵横交织的目标体系,能够帮助学生构建起完整、系统的知识网络,实现学习的迁移和应用。

"主题式学习"强调学习目标的多元性。由于主题式学习往往涉及多学科知识的综合应用,因此学习目标也呈现出多元化的特点。除传统的认知领域目标外,主题式学习还十分重视学生在实践操作、情感体验、团队合作等方面的发展。这种全面发展的目标导向,突破了以往单一的应试教育局限,体现了素质教育的要求。多元化的学习目标也为学生提供了展示自我、发展特长的空间,有利于学生个性化发展。

"主题式学习"虽然强调目标的明确性,但并不意味着教师包办一切或对学生简单灌输。相反,主题式学习倡导师生共同商讨和制定学习目标,在教学过程中随时调整和修正。这种目标生成的开放性和民主性,能够激发学生参与学习的主动性,增强其对学习的归属感和获得感。同时,师生共同参与目标制定,还能促进教学相长,帮助教师反思和改进教学方式。

(二)学习内容整合

与传统的学科分割式教学不同,"主题式学习"强调打破学科间的壁垒,将不同学科领域的知识和技能有机融合,形成统一的主题式学习内容。这种整合不仅有利于学生建立起完整、系统的知识体系,更能够促进其综合运用能力的提升。

在"主题式学习"中,学习内容的整合通常遵循一定的原则。首先,整合应以学生的认知发展水平和学习需求为基础。教师要深入了解学生已有的知识基础和兴趣爱好,据此选择和组织学习内容,使其既具有一定的挑战性,又不会超出学生的理解能力范围。其次,整合应围绕核心主题展开。教师要明确学习主题的内涵和外延,将不同学科的相关知识点纳入主题框架下,使其形成有机联系、相互支撑的整体。最后,整合应兼顾学科的系统性和逻辑性。尽管"主题式学习"突破了学科界限,但并不意味着对学科知识的随意堆砌和拼凑。教师还要遵循各学科的基本规律和特点,确保学习内容的科学性和严谨性。

学习内容整合的实现途径多种多样,可以从宏观和微观两个层面入手。从宏观层面来看,学校可以通过制定校本课程、开展跨学科项目学习等方式,在整体上推动学习内容的整合。例如,学校可以围绕"生态文明"这一主题,开设融合地理、生物、化学等学科知识的综合性课程,引导学生多角度、全方位地认识人与自然的关系。从微观层面来看,教师可以在具体的教学实践中灵活运用整合策略。例如,在讲授"光合作用"这一主题时,教师可以引入物理学的"能量转化"原理,揭示光合作用的本质。同时,教师还可以联系化学反应方程式,加深学生对光合作用过程的理解。通过这种"一题多解"的整合方式,学生能够领会到知识的内在联系,学会从不同视角分析问题,从而形成宽厚、扎实的知识基础。

(三)学习过程互动

在"主题式学习"中,互动不仅体现在教师与学生之间,更体现在学生与学生之间,以及学生与学习内容之间。这种多维度的互动能够激发学生的学习兴趣,促进知识的内化和迁移,培养学生的合作意识和交流能力。

1.教师与学生互动

在互动过程中,教师不再是知识的权威传授者,而是学习的组织者、引导者和促进者。教师需要根据学生的认知水平和学习特点,设计富有挑战性和开放性的学习任务,鼓励学生自主探究、质疑辩论。同时,教师还要及时给予学生反馈和指导,帮助其克服学习困难,调整学习策略。这种师生互动不仅能够增进师生之间的情感交流,更能促进学生深度参与学习的过程,提升学习效果。

2.学生与学生互动

在小组合作学习中,学生通过分享观点、交流心得、协作探究等方式,相互启发、相互促进。每个学生都有机会发表自己的想法,获得参与感和成就感。在这个过程中,学生不仅能够加深对知识的理解,还能提升表达能力、倾听能力、组织协调能力等关键素养。更为重要的是,学生间的互动有助于培养民主平等、包容互鉴的价值观,为其未来融入社会、参与公共生活奠定基础。

3.学生与学习内容互动

与传统的教师主导教学模式不同,"主题式学习"强调学生在实践中主动建构知识体系。围绕特定主题,学生通过阅读、实验、调查、讨论等多种方式,主动探索问题的解决方案。在与学习内容互动的过程中,学生逐步内化所学知识,建立起完整的概念框架。同时,学生还能够将知识迁移、运用到现实情境中,提升分析问题、解决问题的综合能力。这种基于实践的学习方式,不仅使学习更加生动有趣,也使知识掌握更加牢固、运用更加灵活。

四、"主题式学习"的教学模式

(一)项目式教学

项目式教学是深度学习理念指导下的一种创新教学模式,它通过设置真实情境中的复杂任务,引导学生主动构建知识结构、培养能力、形成素养。在项目式教学中,学生是学习的主体,教师则充当引导者和协助者的角色。学生围绕项目展开探究学习,在完成具体任务的过程中,培养分析问题、解决问题的能力,锻炼团队协作、沟通表达等关键素养。

与传统的教师主导教学模式不同,项目式教学强调学生的主动参与和亲身体验。教师精心设计富有挑战性的学习项目,提供必要的学习资源和方法指导,鼓励学生自主探索、合作学习。在项目实施过程中,学生需要运用已有知识和经验,通过查阅资料、实地调研、小组讨论等方式,逐步明确任务目标,制订解决方案,最终完成项目成果。这一过程不仅能够加深学生对知识的理解和掌握,更能提升其分析综合、逻辑思辨等高级思维能力。

项目式教学的核心在于创设真实情境,让学生在做中学。设计的学习项目应紧密联系学生生活实际,具有一定的开放性和综合性。例如,在地理"城市化"主题教学中,教师可以让学生调查家乡城市发展历程,分析其在不同阶段的特点、面临的问题,并尝试提出优化城市规划的建议。在这一项目中,学生不仅能够运用地理学的基本原理和方法,更能培养文献检索、社会调查、数据分析等实践能力,加深对城市发展规律的认识。同时,学生在小组合作、成果汇报的过程中,能锻炼表达交流、团队协作等关键素养。

项目式教学要取得良好效果,教师的引导至关重要。教师要根据教学目标和学生特点,合理设置项目难度,提供恰当的支架式帮助。在项目实施过程中,教师要充分信任学生,给予其独立思考和实践的空间,同时适时给予点拨启发,帮助学生克服困难,调整学习策略。教师还要关注每个学生在项目中的表现,通过观察、提问等形式进行过程性评价,及时给予鼓励和反馈,促进学生在探究中不断进步。

项目式教学的考核评价应突出过程性和发展性。评价不应局限于项目成果的优劣,而要关注学生在项目学习中的收获和进步。教师可采用学习档案、成果展示、自评互评等多元评价方式,全面考查学生知识、能力、品格等方面的发展,引导学生树立科学的学习观念,增强其自主学习和合作探究的意识。

(二)探究式教学

探究式教学的核心在于引导学生主动探索、自主学习,培养其发现问题、分析问题和解决问题的能力。探究式教学不仅能够激发学生的学习兴趣,提高其学习效率,更能够促进其创新意识和实践能力的养成,为其未来的学习和发展奠定坚实基础。

在探究式教学中,教师不再是知识的传授者,而是学习的引导者。教师通过精心设计探究任务,为学生提供开放性的学习情境,鼓励学生自主提出问题、制订计划、收集证据、得出结论。在这个过程中,学生的主体地位得到充分彰显,他们需要运用已有知识和经验,通过观察、实验、讨论等方式,主动建构新的认知结构。这种学习方式不仅能够加深学生对知识的理解和掌握,更能够锻炼其逻辑思维、批判性思考等高级认知能力。

探究式教学的实施需要教师在教学内容、教学策略等方面进行创新和优化。首先,教师要立足学科特点和学生实际,精选适合探究的教学内容。教学内容应具有一定的开放性和挑战性,能够激发学生的好奇心和求知欲。其次,教师要灵活运用多样化的教学策略,如小组合作学习、项目式学习、案例分析等,为学生提供交流协作、动手实践的机会。再次,教师要注重探究过程的引导和管控,适时给予学生启发和点拨,帮助其克服困难,体验成功。最后,教师应改进评价方式,将过程性评价与终结性评价相结合,全面考查学生在探究过程中的表现和进步。

探究式教学的有效开展离不开良好的教学环境和充足的教学资源。学校应加强实验室、图书馆等教学设施的建设,为探究活动提供物质保障。同时,学校还应为教师搭建教学研讨、经验交流的平台,促进优秀教学案例的推广和应用。此外,家长应转变教育观念,支持和配合学校开展探究式教学,为孩子营造宽松、愉悦的学习氛围。

(三)协作式教学

协作式教学强调学生之间的互动与合作,鼓励学生通过小组讨论、分工合作等方式共同探究知识、解决问题。在协作式教学中,教师不再是知识的权威传授者,而是学习过程的引导者和协调者。教师需要精心设计教学活动,为学生提供开放性的探究任务,鼓励其自主思考、相互启发,在合作中实现知识的内化和迁移。

协作式教学的核心在于发挥学生的主体性和创造性。传统的教学模式往往以教师为中心,学生被动地接受知识灌输,缺乏思考和实践的机会。而协作式教学强调学生的能动性和参与性,鼓励其积极表达自己的观点,与他人交流讨论,在合作探究中提升思维能力和问题解决能力。同时,协作式教学有利于培养学生的社会交往能力和团队合作精神。通过小组合作完成任务,学生能够学会倾听他人的意见,表达自己的观点,在争论中达成共识,形成良好的人际关系。

协作式教学的实施需要教师在课程设计、教学组织、学习评价等方面进行系统化的探索和创新。教师应根据教学内容和学生特点,精心设计富有挑战性和开放性的学习任务,为学生提供自主探究和合作学习的平台。在教学过程中,教师要充分信任学生,放手让其自主安排学习进度和分工,适时给予指导和点拨。同时,教师还应建立多元化的评价机制,综合考查学生在知识理解、能力提升、情感态度等方面的表现,引导其正确认识自我,持续改进学习。

协作式教学的推行需要学校、教师、学生等多方共同努力。学校应加强教学创新发展的顶层设计,为教师实施协作式教学提供制度保障和资源支持;教师要勇于突破传统教学观念的束缚,不断更新教学理念,提升教学设计与实施能力;学生要树立主动学习的意识,养成合作探究的习惯,在与他人的交流互动中践行学习、提升自我。

五、"主题式学习"的优势

(一)提高学生的学习兴趣

"主题式学习"强调以学生为中心,围绕特定主题组织教学活动,旨在激发学生的学习兴趣,提高其学习效率。相较于传统的学科分割式教学,"主题式学习"更加注重知识的整合与应用,有利于培养学生的综合素质和创新能力。在"主题式学习"中,教师精心设计富有挑战性和吸引力的学习情境,引导学生主动探究、合作学习,在解决实际问题的过程中获得知识与技能。这种教学模式不仅能够提高学生的学习兴趣,还能够促进其自主学习能力的发展。

从认知心理学的角度来看,学习兴趣是影响学习效果的重要因素。当学生对学习内容感兴趣时,他们会表现出很高的注意力和参与度,学习动机也会很强烈。"主题式学习"正是利用了这一规律,通过创设与学生生活经验相关的学习情境,激发其好奇心和求知欲,使其能够全身心投入学习活动。同时,"主题式学习"还为学生提供了展示自我、发挥特长的舞台,有利于增强其自信心和成就感,从而进一步提高其学习兴趣。

在具体实施过程中,教师可以根据学生的认知特点和兴趣爱好,精心选择学习主题。好的学习主题应该具有时代性、综合性和挑战性,能够引发学生的思考和讨论。例如,在学习"环境保护"这一主题时,教师可以引导学生调查身边的环境问题,分析其成因和危害,提出改善措施。在这个过程中,学生不仅能够掌握相关的科学知识,还能够增强环保意识和社会责任感。此外,教师还可以组织学生开展"模拟创业""科技创新"等主题活动,锻炼学生的创新思维和实践能力。

"主题式学习"提倡采用小组合作、项目探究等互动式教学方法,鼓励学生通过平等交流和协作探究来完成学习任务。在小组合作中,每个学生都有机会贡献自己的想法和力量,体验团队协作的乐趣。在项目探究中,学生可以根据自己的兴趣爱好选择研究课题,通过查阅资料、实地考察、专家访谈等方式,深入了解所研究的问题。这些形式新颖、富有挑战性的教学活动,不仅能够持续吸引学生的注意力,还能够培养其独立思考和动手实践的能力。

(二)促进学生全面发展

传统的学科教学往往将知识割裂成零散的片段,学生难以建立起不同学科之间的内在联系,更谈不上融会贯通、灵活运用。而"主题式学习"打破了学科界限,以跨学科的主题为核心组织教学内容,引导学生从多角度、多层面探究问题,形成系统化的知识网络。

在"主题式学习"中,教师精心选择富有挑战性和综合性的主题,如"环境保护""科技创新"等,这些主题往往涉及自然科学、社会科学、人文艺术等多个领域的知识。学生需要运用来自不同学科的理论和方法分析问题、解决问题,并在这个过程中全面拓展和深度整合自己的知识体系。例如,在"水资源"这一主题的学习中,学生不仅要掌握水循环、水污染等自然地理知识,还需要了解水资源利用与保护的政策法规,思考水资源短缺对社会经济发展的影响,甚至探讨水文化在人类文明进程中的独特价值。这种多维度的学习能够使学生突破单一学科的局限,建立起宏观、立体的认知框架。

"主题式学习"为学生提供了将知识转化为能力的平台。在以主题为核心的项目学习、问题学习中,学生需要综合运用多学科知识分析现实情境,提出解决方案。这一过程不仅能锻炼学生的逻辑思辨能力,更能培养他们知识迁移和实践应用的素养。例如,在"城市交通拥堵"主题探究中,学生需要运用地理学、经济学、社会学等知识诊断问题症结,权衡利弊得失,提出缓解对策。这种实践导向的学习让学生深刻认识到知识并非抽象的符号,而是解释世界、改造世界的有效工具,使学生学会将理论与实际相结合,将书本知识转化为生活智慧和行动力。

"主题式学习"的知识整合不仅发生在学科之间,也体现在理论与实践的对接中。通过主题研究,学生得以将课堂所学知识与现实世界相联系,在社会实践中感悟知识的意义和价值。同时,学生在运用知识解决实际问题的过程中,反思和重构原有的知识体系,能够实现认知结构的优化和升华。"主题式学习"为学生打造了一个知行合一、学以致用的成长平台,促进其知识和能力在实践探索中循环运用、不断提升。

(三)增强学生自主学习能力

与传统的教师主导教学模式不同,"主题式学习"强调学生的主体地位和自主探究。在主题式学习过程中,学生需要根据自己的兴趣选择研究主题,制订学习计划,收集和整理相关资料,开展研究性学习。这需要学生充分发挥主观能动性,调动自身的学习动机和认知资源。

1. 培养学生自主学习所需的关键能力

首先,"主题式学习"能够提高学生的学习兴趣。由于研究主题由学生自主选择,因而更容易激发其内在动机,使其产生探究欲望。学生带着问题开展学习,容易保持高昂的学习热情。其次,"主题式学习"有助于培养学生的元认知能力。在研究过程中,学生需要不断监控和调节自己的学习行为,评估学习效果,调整学习策略。这些元认知活动能够增强学生对自身认知过程的觉察和控制,从而使其形成有效的自主学习方式。再次,"主题式学习"强调学生自主收集和利用学习资源。面对海量的信息资源,学生需要学会甄别信息的真伪,筛选对研究有价值的资料,并对这些资料进行加工整合。这一过程可以锻炼学生的信息素养,为其终身学习奠定基础。最后,"主题式学习"往往通过小组合作的形式开展,学生之间需要分工协作、互帮互助。这种学习方式不仅能够激发学生的集体主义精神,还能增强其沟通表达、团队协作等能力。

2. 拓宽学生的知识视野,提升其知识迁移能力

不同于传统学科教学的系统性和条理性,"主题式学习"更加强调知识的关联性和综合性。学生在探究主题的过程中,需要打破学科界限,整合不同领域的知识,建构起复杂的认知结构。这种学习经历能够帮助学生突破固有的思维定式,养成发散性、创造性的思维习惯。同时,"主题式学习"中形成的知识更具迁移性。学生自主建构的知识体系往往与其生活经验和已有认知结构紧密相连,更容易内化为自身的认知工具,从而实现知识在新情境中的灵活应用。

(四)培养综合素质

在"主题式学习"的过程中,学生不仅能够掌握基础知识和关键技能,更重要

的是能够形成正确的价值观念、健全的人格品质和良好的行为习惯。这些综合素质的提升能为学生的终身发展奠定坚实基础。

从知识与技能层面来看,"主题式学习"强调学科知识的整合与综合运用。通过探究真实情境中的问题,学生需要灵活运用多学科知识,培养分析问题、解决问题的能力。同时,在主题探究过程中,学生还能够掌握信息检索、数据分析、团队协作等关键技能。这些知识与技能的习得不仅有助于学生提高学业成绩,更能让其形成学习迁移的良好习惯,增强适应未来社会的能力。

从情感态度与价值观层面来看,"主题式学习"为学生提供了丰富的情感体验和价值引导。在探究过程中,学生常常需要换位思考,设身处地为他人着想,在潜移默化中培养同理心和责任感。同时,面对开放性问题,学生需要学会尊重他人观点,以包容开放的心态看待问题,形成正确的价值取向。这些情感态度的陶冶和价值观的形成,成为学生道德品质和人格塑造的重要因素。

从创新意识与实践能力层面来看,"主题式学习"为学生提供了充分施展才能的舞台。面对复杂的现实问题,学生需要打破思维定式,提出创新性的解决方案。在方案实施的过程中,学生还要动手实践,将设想付诸行动。这不仅能激发学生的创新潜能,更能锻炼其动手操作、组织协调的实践能力。创新意识和实践能力的培养,成为学生应对未来挑战、实现自我价值的重要保障。

第二节 "主题式学习"的类型

一、单学科"主题式学习"

(一)单学科"主题式学习"的特点

单学科"主题式学习"作为一种创新的教学模式,在培养学生学科核心素养、提升学科教学质量方面具有优势。与传统的学科教学相比,单学科"主题式学习"更加注重学生的主体性、综合性和探究性,强调学生在学习过程中的主动参与和深度思考。

1.主体性

在单学科"主题式学习"中,教师通常围绕一个核心主题,精心设计一系列相互关联、循序渐进的学习活动。学习活动不仅涵盖学科的重要知识点,更注重引导学生运用所学知识解决实际问题,培养其分析问题、解决问题的能力。例如,在生物学"主题式学习"中,教师可以选择"生物多样性"作为核心主题,引导学生通过野外考察、标本制作、数据分析等活动,深入理解生物多样性的概念、形成原因以及保护策略。在这个过程中,学生不仅能掌握相关的生物学知识,更能提升科学探究能力和环境保护意识。

2.综合性

单学科"主题式学习"强调学科内容的整合与综合。传统的学科教学往往将知识点割裂开来,学生难以建立起完整、系统的知识结构。而单学科"主题式学习"致力于打破知识壁垒,引导学生探索不同知识点之间的内在联系。例如,在以"光"为主题的物理教学中,教师可以引导学生综合运用光的反射、折射、干涉等知识,分析彩虹的形成原理,或者探究光污染对天文观测的影响。通过主题的牵引,学生能够融会贯通地掌握物理学知识,形成整体化、结构化的学科理解方式。

3.探究性

单学科"主题式学习"的探究性有助于提高学生的学习兴趣和参与度。在主题式学习中,学生不再是被动的知识接受者,而是学习过程的主人。学生可以根据自己的兴趣和特长,选择不同的探究角度和方法,展现个性化的学习风格。教师则从知识的传授者转变为学习的引导者和协助者,为学生提供丰富的学习资源和必要的学习支持。在这种师生互动、生生互动的过程中,学生的主动性和创造性得到充分激发,学习热情也随之高涨。

(二)单学科"主题式学习"的教学方法

在设计教学方法时,教师需要充分考虑学科特点、学生认知规律和教学内容的逻辑关系,采用多样化的教学形式,激发学生的学习兴趣和探究欲望。

在单学科"主题式学习"中,教师应创设符合主题的教学情境,引导学生在具体情境中探索和发现知识。例如,在学习"光合作用"这一主题时,教师可以带领学生走进大自然,观察植物的生长过程,分析光照、水分等因素对光合作用的影响。通过亲身体验和实践操作,学生能够直观地理解光合作用的原理和过程,加深对相关概念的认识。同时,教师还可以利用多媒体技术,通过动画、视频等形式展示光合作用的微观过程,帮助学生理解抽象的生物学知识。

教师应注重培养学生的科学探究能力,鼓励其主动提出问题、设计实验、收集数据、得出结论。在探究过程中,教师要充分发挥引导者和合作者的角色,提供必要的指导和支持,但不能包办代替。通过亲自动手实践,学生不仅能够掌握科学探究的基本方法,更能培养严谨求实的科学态度和勇于创新的精神品质。

为了拓宽学生的知识视野,教师可以适当引入跨学科的知识和方法。例如,在学习"生态系统"这一主题时,教师可以引导学生运用数学模型来描述生态系统的能量流动和物质循环,运用地理学知识分析不同区域的生态特征,运用社会学知识探讨人类活动对生态环境的影响。通过多学科视角的融合,学生能够全面、立体地认识生态系统的复杂性和多样性,提高分析问题和解决问题的综合能力。

单学科"主题式学习"要求教师不断更新教学理念,创新教学方法,优化教学设计。这对教师的专业素养和教学能力提出了更高要求。一方面,教师要具备扎实的学科专业知识,深入研究学科前沿动态,不断拓宽知识视野;另一方面,教师要掌握现代教育技术手段,运用信息技术支持和丰富教学方法,为学生提供个性化、多样化的学习体验。只有与时俱进,不断学习和创新,教师才能设计出高质量的主题式课程,引领学生在知识的海洋中遨游。

单学科"主题式学习"的教学方法应以学生发展为中心,遵循教育教学规律,把握学科特点,激发学习兴趣,注重能力培养。教师既要立足学科,又不能局限于学科,引导学生在丰富多彩的探究活动中积极建构知识体系,提升综合素养。

(三)单学科"主题式学习"的实施

单学科"主题式学习"的实施过程需要教师精心设计和组织,充分发挥学生的主体作用,调动其学习的积极性和创造性。

1. 根据主题内容和学生特点,选择恰当的教学方法和策略

在探究"植物生长规律"这一主题时,教师可以采用实验法,引导学生通过种植、观察、记录等环节,亲身体验植物生长过程并发现其中的奥秘。同时,教师还可以运用多媒体技术,为学生呈现植物生长的微观过程和内部结构,帮助其建立直观、系统的认知。

2. 创设开放、民主的学习氛围,鼓励学生大胆质疑、积极思考

在主题探究过程中,学生难免会遇到困惑和障碍。教师要耐心引导,启发学生从多角度、多层面分析问题,提出自己的见解。例如,当学生对植物生长中的某

些现象产生疑问时,教师不应直接给出答案,而应鼓励学生查阅资料、与同伴讨论,通过自主探究找到解决问题的方法。这样不仅能够增强学生的求知欲和主动性,更能培养其批判性思维和创新意识。

3. 重视主题式学习的过程性评价,客观记录学生的进步和不足

单学科"主题式学习"强调学生在探究过程中的体验和感悟,因此评价不应局限于学习结果,还应关注学生在知识、能力、情感态度等方面的整体表现。教师可以通过学习档案、成长记录等形式,动态呈现学生的发展轨迹,帮助其认识自我、改进不足。同时,教师还应注重学生的自评与互评,引导其学会欣赏他人、反思自我,从而形成积极向上的学习共同体。

4. 注重主题式学习与其他学科、社会实践的联系,拓宽学生视野,丰富学习体验

单学科"主题式学习"并非孤立、封闭的过程,而应与其他学科知识和现实生活紧密结合。例如,在探究植物生长规律时,教师可以引导学生思考植物与环境、人类活动的关系,讨论生态平衡、可持续发展等议题。此外,教师还可以组织学生走出校园,参观植物园、农业基地等场所,亲身感受大自然的奇妙,领略科学的无穷魅力。这些多元化的学习活动不仅能够拓宽学生的知识视野,更能陶冶其情操,培养家国情怀和使命担当。

二、多学科"主题式学习"

(一)多学科"主题式学习"的特点

1. 突出知识的综合性和实践性

传统的学科教学往往强调知识的系统性和完整性,但容易忽视不同学科之间的内在联系。而多学科"主题式学习"以现实世界中的复杂问题为切入点,引导学生综合运用不同学科的知识和方法来分析和解决问题。在这个过程中,学生不仅能够加深对各学科知识的理解,更能培养知识迁移和实践应用的能力。

2. 体现学习的开放性和探究性

与传统的"填鸭式"教学不同,多学科"主题式学习"强调学生的主动参与和自

主探究。教师不再是知识的权威和传播者,而是学习的组织者和引导者。学生则成为学习的主人,通过提出问题、收集资料、合作探讨等方式,主动构建自己的知识体系。这种开放性的学习方式有利于激发学生的好奇心和求知欲,培养其独立思考和创新创造的能力。

3.彰显教育的人文性和价值性

传统的应试教育过于强调分数和升学,容易忽视学生的全面发展和个性化成长。而多学科"主题式学习"立足学生的兴趣和需求,鼓励其探索自我、表达自我、实现自我。同时,多学科"主题式学习"还注重培养学生的人文情怀和价值观念。通过对跨学科主题的研究和思考,学生能够更加深刻地认识人与自然、人与社会、人与人之间的关系,形成正确的世界观、人生观和价值观。

4.反映时代的需求和教育的创新

单一的学科知识和技能已经难以适应复杂多变的现实需求,跨学科的综合素质和创新能力成为人才竞争的关键。多学科"主题式学习"突破了传统教育的时空限制和学科壁垒,为学生提供了一个开放、多元、富有生命力的学习空间,为培养面向未来的创新型人才探索了一条可行之路。

(二)多学科主题的选择

科学、合理地选择主题,不仅能够激发学生的学习兴趣,提高学习效率,更能够促进不同学科知识的整合,培养学生的综合素质和创新能力。

1.立足学生的认知水平和生活经验

选题过于抽象或者脱离学生生活实际,学生难以产生共鸣,学习热情和主动性就会大大降低。因此,教师要深入了解学生的兴趣爱好、认知特点,选择与学生生活密切相关、具有一定熟悉度的主题。这样,学生更容易产生探究欲望,主动投入学习活动中。

2.具有明确的教育目标导向

好的主题应该能够引导学生建构起系统完整的知识体系,掌握必要的技能技巧,形成正确的情感态度和价值观。因此,教师在选题时要全面考虑不同学科的课程标准和教学要求,寻找其中的交叉点和融合点;要围绕核心素养,精心设计教学内容和活动,引导学生在主题探究过程中达成明确的学习目标。

3.具有开放性和延展性

主题要为学生提供广阔的探究空间,提出具有挑战性的问题,鼓励创新性思维。同时,主题还应具有一定的延展性,能够随着学生认知水平的提高而不断拓展、深化,激发学生持续探究的动力。教师在主题选择上要有开阔的视野和前瞻的眼光,既要立足当下,又要放眼未来。

4.考虑实施的可行性

主题太大太空泛,或者所需资源难以获取,都会影响教学活动的开展。因此,教师要充分考虑学校的教学条件、师资力量、时间安排等因素,力求选择适合本校实际、便于操作的多学科主题。此外,教师还要整合现有的教学资源,发挥团队协作优势,以保障主题式学习的顺利实施。

(三)多学科协同教学

多学科协同教学是通过整合不同学科的知识和方法,为学生提供跨学科探究和解决复杂问题的机会。在多学科协同教学中,教师需要打破学科壁垒,密切合作,共同设计教学内容和活动,引导学生从多个角度分析问题,形成全面、系统的认识。

多学科协同教学要求教师确定一个跨学科的主题。这个主题应该具有综合性和挑战性,能够激发学生的好奇心和探究欲望。例如,在探讨"可持续发展"这一主题时,需要整合地理、生物、化学、经济学等多个学科的知识。确定主题后,参与协同教学的教师要进行充分的交流和讨论,明确各自的教学任务和目标,设计相互关联、递进深入的教学活动。在这个过程中,教师要充分考虑学生已有的知识基础和认知水平,设计难度适中、富有挑战性的任务,引导学生主动建构知识体系。

在多学科协同教学的实施阶段,教师要营造开放、民主的课堂氛围,鼓励学生积极参与、勇于质疑。通过小组合作、头脑风暴、案例分析等多样化的教学方式,教师要引导学生从不同学科的视角观察问题、挖掘问题的多重内涵和解决方案。同时,教师还要注重培养学生的批判性思维和创新意识,鼓励其提出独特见解,进行创造性探究。在协同教学中,不同学科的教师要密切配合,及时交流学生的学习状况,调整教学策略,形成合力,以促进学生的全面发展。

多学科协同教学不仅有利于拓宽学生的知识视野,提升其综合运用知识的能力,更有助于培养学生的核心素养。在协同探究的过程中,学生能够深刻体会不同学科知识的内在联系,学会用整体、全面的眼光分析问题。同时,通过与他人合作探究,学生的沟通表达能力、团队协作意识能得到锻炼和提升。此外,多学科协同教学还能激发学生的社会责任感,引导其关注现实问题,积极思考个人与社会、人与自然的关系,树立正确的价值观念。

三、超学科"主题式学习"

(一)超学科"主题式学习"的定义

超学科"主题式学习"是一种跨越传统学科界限、整合多学科知识的创新教学模式。它以现实世界中的复杂问题或主题为中心,打破学科壁垒,综合运用不同学科的知识和方法,引导学生主动探究、协作解决问题。这种学习方式不仅能够帮助学生建构完整的知识体系,提升综合运用知识的能力,更能培养其批判性思维、创新意识和社会责任感。超学科"主题式学习"的内涵是多方面的。

1.强调学科知识的交叉融合和迁移应用

传统的学科教学往往将知识割裂开来,学生难以领会不同学科之间的内在联系。而超学科"主题式学习"以主题为纽带,将不同学科的概念、原理和方法有机结合,帮助学生形成系统化、条理化的知识网络。同时,超学科主题还能够将书本知识与生活实践紧密联系,增强学习的现实意义,提高学生运用知识解决实际问题的能力。

2.培养学生的高阶思维能力

在探究复杂主题的过程中,学生需要运用分析、综合、评价等多种思维方式,全方位地审视问题。这种开放性的学习过程能够激发学生的好奇心和想象力,培养其独立思考、勇于质疑的精神。此外,超学科"主题式学习"还十分重视学生的创新能力培养。面对复杂的现实问题,学生必须突破常规思维定式,提出新颖独特的解决方案。这一过程不仅能够锻炼学生发散思维、创造性思维的能力,更能够培养其敢于尝试、勇于探索的创新品格。

3.培养学生的社会责任感和全球视野

许多超学科主题都源于现实社会的重大议题,如环境保护、社会公平、文化多样性等。通过探究这些主题,学生能够深入认识社会发展面临的机遇与挑战,树立正确的价值取向,增强社会责任意识。同时,超学科主题的研究往往需要跨地域的视角,这能够帮助学生树立全球公民意识,为未来的世界和平与发展做好准备。

(二)超学科"主题式学习"的特点

1.开放、动态、综合

超学科"主题式学习"强调学科知识的交叉融合,注重培养学生的跨学科思维能力。在超学科主题的设计中,教师需要精心选择具有挑战性和综合性的现实问题,引导学生运用不同学科的理论和方法进行探究。这一过程不仅能够拓宽学生的知识视野,提升其分析问题、解决问题的能力,更能培养其勇于创新、敢于挑战的科学精神。

2.注重情境化和个性化的学习体验

在学习过程中,学生需要根据自己的兴趣和特长,选择适合自己的学习方式。教师则要为学生提供丰富多样的学习资源和支持,鼓励其自主探索、合作交流。这种个性化的学习方式不仅能够激发学生的内在动机,提高学习效率,更能培养其自主学习、终身学习的意识和能力。

3.强调知识的应用和创新

在探究过程中,学生不仅要掌握各学科的基本知识和技能,更要学会将这些知识灵活运用到实践中,创造出新的解决方案。教师在设计超学科主题时,要紧密联系社会现实,引导学生关注和思考现实世界中的问题。同时,教师还要为学生提供展示成果、交流思想的平台,鼓励其将所学知识转化为创新成果,为社会发展贡献自己的力量。

(三)超学科"主题式学习"的实施

1. 精心设计教学主题

良好的教学主题应该具有跨学科性、真实性和开放性的特点。跨学科性要求主题能够整合多个学科领域的知识和方法;真实性意味着主题应源于学生的生活世界,与其切身利益相关;开放性强调主题不应有唯一标准答案,能够为学生提供多种解决方案。例如,"城市可持续发展"主题涉及地理、生物、环境、经济、社会等多个学科,与学生生活息息相关,没有标准答案,需要学生根据具体情境提出创新性解决方案。

2. 引导学生开展探究性学习

探究性学习强调以学生为中心,鼓励学生主动发现问题、提出假设、收集证据、得出结论。在这个过程中,教师不再是知识的权威,而是学生学习的引导者和协助者。教师要为学生提供丰富的学习资源,营造开放、民主的课堂氛围,鼓励学生大胆质疑、勇于创新。同时,教师还要引导学生开展小组合作学习,通过头脑风暴、角色扮演等方式,激发思维碰撞,促进知识整合。例如,在"城市可持续发展"主题探究中,教师可以为学生提供各种地图、文献、数据等资料,组织学生进行实地考察,鼓励其从不同学科视角分析城市问题,提出解决方案,并通过小组讨论、辩论等形式,对方案进行评估和优化。

3. 注重教学评价

与传统的标准化考试不同,超学科"主题式学习"的评价应该是多元化的,既要关注学生对知识的掌握程度,又要重视学生学习能力的提升和情感态度的变化。评价方式可以包括课堂表现、探究报告、作品展示等,评价主体则涵盖教师、同伴和学生自己。通过多角度、全方位的评价,学生能够全面地认识自己的优势和不足,调整学习策略,促进自身的可持续发展。

第三节 "主题式学习"的意义

一、培养学生的批判性思维

(一)批判性思维的定义

批判性思维是一种积极主动地评价、分析和综合信息的思维模式,它要求思考者超越表面现象,深入探究事物的本质和规律。具体而言,批判性思维包含一系列相互关联的认知技能和倾向。

从认知技能的角度来看,批判性思维要求个体具备分析论证、评估证据、检测谬误、识别假设等逻辑思辨能力。批判性思维者善于剖析论证的前提假设和推理过程,发现其中潜在的逻辑漏洞和谬误。同时,批判性思维者擅长评估支撑观点的证据,判断其相关性、可靠性和充分性。通过理性思考的过程,批判性思维者能够透过表象把握事物的实质,形成合理、有根据的判断和决策。

从倾向特质的角度来看,批判性思维意味着以开放和谦逊的态度对待不同观点,勇于质疑权威,敢于挑战既有认知。批判性思维者不盲从于主流观点或权威言论,而是基于理性和证据形成自己的见解。他们虚心接纳不同声音,善于换位思考,在包容差异中寻求共识。正是凭借这种开明理性的人格力量,批判性思维者才能不断突破思维定式,创造性地解决问题,推动人类知识的进步。

从更广阔的视野审视,批判性思维对个人发展和社会进步都具有重大意义。对于个人而言,批判性思维是适应复杂社会的必备素质。在当今信息泛滥的时代,未经思索地接收信息极易导致认知偏差和误判。唯有通过批判性思维,个体才能在纷繁芜杂的信息中去伪存真,基于客观事实和理性分析形成正确认知,做出明智的决策。这种理性、自主的人格力量,正是现代公民的宝贵品质。

对于社会发展而言,批判性思维是推动文明进步的内在动力。一个缺乏批判精神的社会往往故步自封、因循守旧,难以突破旧有模式,实现创新。相反,一个弥漫批判性思维的社会则充满生机活力,能够不断检视自身局限,完善制度,推动文明向前发展。从这个意义上说,批判性思维是社会进步的精神力量,是人类文明的宝贵财富。

(二)"主题式学习"对学生批判性思维的促进

"主题式学习"通过创设真实情境,为学生提供应用批判性思维的土壤。在探究主题的过程中,学生需要运用多种策略收集、筛选信息,分辨事实与观点,甄别资料的可靠性。这一过程不仅能够锻炼学生收集和处理信息的能力,更能培养其质疑精神和独立思考的习惯,使学生在主动构建知识体系的同时,也提升批判性思维能力。

"主题式学习"强调学生的主体地位,鼓励其通过小组协作探究主题。在与他人交流互动的过程中,学生能够接触到不同的观点和看法,学会倾听和尊重他人意见的同时,也学会用事实和逻辑来支撑自己的论点。这种碰撞交流有助于学生反思自身观点的局限性,丰富批判性思维的内涵。

"主题式学习"为学生提供了将批判性思维应用于实践的机会。许多主题任务都与现实生活紧密相关,需要学生运用所学知识分析问题、提出解决方案。在这个过程中,学生不仅要学会从多角度看待问题,权衡利弊,做出理性判断,更要将思考结果付诸实践,在行动中检验思维的深度和广度。这种知行合一的学习方式,有利于学生批判性思维能力的内化和提升。

二、培养学生的团队合作能力

(一)团队合作的基本概念

团队合作强调个体间的紧密协作和相互支持,以实现共同的目标。在团队合作中,每个成员都肩负着特定的职责和任务,需要与他人密切配合,形成合力。这种协同工作的方式不仅能够提高工作效率,实现资源的优化配置,更能激发个人潜能,促进团队成员之间互帮互助、共同进步。

从本质上看,团队合作是建立在成员间信任、尊重、沟通的基础之上的。团队成员之间必须相互信任,坦诚相见,毫无保留地分享信息和想法。只有在彼此信任的氛围中,成员才能放下戒备,畅所欲言,实现思想的碰撞和智慧的交流。同时,尊重是团队合作的基石。每个成员都是独立的个体,都有自己独特的背景、经历和视角。在团队中,成员要学会欣赏差异,包容不同观点,平等对待每一个人的贡献。

沟通是团队合作的润滑剂和催化剂。在复杂的团队协作中,成员间的意见难免会出现分歧和冲突,而有效的沟通能够帮助成员厘清思路,消除误解,达成共识。通过积极、坦诚的交流,成员能够相互理解对方的处境和诉求,从而找到彼此都能接受的解决方案。反之,如果沟通不畅,成员各说各话、各行其是,团队就难以形成合力,甚至可能陷入内耗和混乱。因此,团队合作对沟通能力提出了很高的要求,需要成员学会倾听、表达、谈判、说服等各种沟通技巧。

除信任、尊重、沟通这三个基本要素外,明确的目标、清晰的分工、规范的流程也是团队合作不可或缺的保障。团队要确立共同的愿景和目标,使每个成员都清楚自己的努力方向和最终归宿;要根据成员的特长和优势合理分工,避免出现责任不清、争抢任务的现象;要建立规范的工作流程和绩效评估机制,明确每个环节的职责、时限和标准,确保团队运转高效、有序。

(二)"主题式学习"的协作模式

"主题式学习"以主题为核心组织教学内容和活动,强调学科知识的整合和学生学习能力的综合培养。在"主题式学习"中,师生围绕特定主题开展深入探究,通过多样化的协作模式和互动方式,共同构建知识体系,提升综合素养。这种学习方式突破了传统学科界限,为学生提供了跨学科、跨领域的学习体验,有助于培养其全面发展所需的关键能力。

从知识体系建构的角度来看,"主题式学习"中的协作模式能够促进学生主动参与知识的生成和内化过程。通过小组讨论、头脑风暴、角色扮演等形式,学生相互启发、相互补充,在交流碰撞中加深对主题的理解。这种建构性的学习过程不仅有利于巩固已有知识,更能激发学生探索未知、创造新知的热情。同时,协作学习还能培养学生的表达能力、倾听能力和批判性思维能力,为其终身发展奠定基础。

从能力培养的角度来看,"主题式学习"中多元化的协作模式为学生提供了施展特长、发挥优势的舞台。在探究主题的过程中,学生需要运用多种能力,如信息收集与处理能力、问题解决能力、创新创造能力等。协作学习为每个学生创设了展示自我、贡献团队的机会,既能促进个体能力的提升,又能锻炼团队协作的意识和技能。这种全方位、立体化的能力培养,正是适应未来社会发展的必然要求。

从情感态度的角度来看,"主题式学习"中平等、互助的协作氛围有助于培养学生积极向上的价值观和人文情怀。在协作探究中,学生学会尊重他人、欣赏差异、包容多元,形成民主、平等、互助的集体意识。这种宝贵的情感体验将内化为学生的价值追求,引领其成长为具有家国情怀、世界眼光的时代新人。

"主题式学习"的协作模式不仅创新了教与学的方式,更体现了以学生发展为本的教育理念。教师从知识的传授者转变为学习的引导者,学生从被动的接受者转变为主动的探究者。双方在平等互动中建立起师生之间、生生之间的良性关系,形成彼此信任、共同进步的学习共同体。这种全新的师生关系和生生关系是推动教育创新、办好人民满意教育的关键所在。

(三)"主题式学习"中的小组合作

在"主题式学习"中,通过小组合作,学生不仅能够加深对主题知识的理解,更能培养团队协作能力,这对于学生未来的学习和发展具有重要意义。

小组合作学习要求学生在探究主题的过程中相互配合、相互支持,共同完成学习任务。在这个过程中,学生需要明确分工,各司其职,为小组的目标贡献自己的力量。同时,学生还要学会倾听他人意见,尊重不同观点,在交流讨论中碰撞思想火花,实现知识体系的共建。这种互动式的学习方式不仅能够激发学生的学习兴趣,调动其主动性和积极性,更能够促进学生之间的情感交流,使其增进彼此间的了解和信任。

小组合作学习能够发挥学生的特长,实现优势互补。在小组中,每个学生都有自己擅长的领域和独特的视角。通过合作学习,学生可以充分展示自己的长处,为小组提供有价值的意见和建议。同时,当面对自己不擅长或存在困难的问题时,学生能够向组内其他成员请教,获得及时的帮助和支持。这种互帮互助的学习氛围能够增强学生的自信心和成就感,使其在学习中保持积极向上的状态。

小组合作学习对培养学生的沟通表达能力、团队意识、组织协调能力等核心素养具有重要价值。在小组讨论和任务完成的过程中,学生需要清晰地表达自己的想法,有逻辑地阐述自己的观点。这不仅能够锻炼学生的语言表达能力,更能提升其思维的条理性和逻辑性。而在与他人合作的过程中,学生还能深刻体会团队协作的意义,学会换位思考,站在他人角度看问题,这对其未来融入集体、服务社会具有积极影响。

三、培养学生的创新能力

(一)创新能力的构成要素

创新能力是个体或组织在特定领域进行创造性活动、产生新颖独特成果的综合素质。它涵盖创新意识、创新思维、创新人格等多个方面,是一种复杂的、多维度的心理特征。

1.创新意识

创新意识指个体对创新的主观愿望和心理倾向,表现为对新事物的好奇心、探索欲和尝试精神。具有强烈创新意识的个体往往思维活跃、敢于质疑,善于从不同角度观察问题,勇于挑战现有规则和权威。这种意识不仅能激发个体的创造热情,更能帮助其突破思维定式,开阔全新视野。创新意识是点燃创造力火花的催化剂,是驱动创新行为的内生动力。

2.创新思维

创新思维决定个体洞察问题、分析问题、解决问题的方式和途径。与常规思维模式不同,创新思维更加强调发散性、灵活性和原创性。其主要表现为善于联想和想象、敏于捕捉事物间的内在联系、勇于打破思维定式、巧于整合多元化信息等。个体只有突破思维惯性的束缚,才能产生新颖独特的见解,提出新颖的创意方案。因此,创新思维是创新能力的灵魂所在,对创新成果的产生具有决定性影响。

3.创新人格

创新人格是支撑创新活动的基础,它塑造了创新个体特有的行为模式和价值追求。创新人格的主要特征包括求知欲强、坚忍执着、敢于冒险、包容失败等。具有创新人格的个体往往具有旺盛的好奇心,对未知领域充满向往;他们不畏艰难险阻,以顽强意志追求目标;他们视失败为教训,从挫折中汲取智慧和力量。

(二)"主题式学习"对学生创新能力的影响

通过设置开放性的主题,鼓励学生自主探索、独立思考,"主题式学习"为学生提供了一个展示创造力的舞台。在主题探究过程中,学生需要运用发散思维,从多角度、多层面分析问题,提出新颖独特的见解。这种打破常规思维定式的训练,有助于培养学生敏锐的洞察力和灵活的思维能力,激发其创新潜能。

与传统的学科学习相比,"主题式学习"更加注重学生的主动参与和动手实践。围绕主题,学生通过查阅资料、设计实验、制作模型等方式,亲身体验知识生成的过程。在这个过程中,学生不仅能够深化对知识的理解,更能培养探索未知、勇于创新的科学精神。同时,"主题式学习"还为学生提供了广阔的创新空间。学生可以根据自己的兴趣爱好,选择感兴趣的主题进行深入研究,这种自主性能够很好地调动学生的学习积极性,激发其创新激情。

"主题式学习"有利于培养学生的跨学科综合创新能力。现实世界中的问题往往具有复杂性和综合性,单一学科的知识难以完全解决。"主题式学习"打破了学科壁垒,鼓励学生整合不同学科的知识,运用多学科视角分析问题。这种跨学科的学习方式,能够拓宽学生的知识面,锻炼其知识迁移和综合运用的能力,为创新奠定坚实基础。

"主题式学习"为学生创新能力的培养提供了真实情境。许多主题都源于生活实际,与学生的切身体验紧密相连。学生在解决现实问题的过程中,既锻炼分析问题和解决问题的能力,也培养敏锐的观察力和创新意识。通过将所学知识应用于实践,学生能够更深刻地认识知识的价值,激发创新的动力。

四、培养学生解决问题的能力

(一)解决问题能力的定义

解决问题能力是一种综合性能力,它包括发现问题、分析问题、提出解决方案、实施方案并评估效果等一系列环节。这种能力不仅需要扎实的知识基础,还需要敏锐的洞察力、严密的逻辑思维、创新的思维方式及坚韧不拔的意志品质。

解决问题能力的形成和发展是一个循序渐进的过程。在学习和生活中,学生会不断遇到各种各样的问题和困难。当面对这些问题时,学生首先要学会敏锐地发现问题的存在,这需要他们具备一定的知识积累和独立思考的能力。其次,学生要运用已有的知识和经验,对问题进行全面、系统的分析,找出问题产生的原因,厘清问题的本质。在此基础上,学生要发散思维,提出多种可能的解决方案,并从中选择最优方案付诸实施。再次,在实施过程中,学生需要不断检验方案的可行性,必要时进行调整和优化。最后,学生要客观评估问题解决的效果,总结经验教训,为今后解决类似问题提供借鉴和指导。

(二)"主题式学习"中学生解决问题能力的提高

"主题式学习"强调以真实世界的问题为中心组织教学活动,引导学生在探究过程中主动建构知识体系、提升技能。这种学习方式打破了传统学科的界限,融合了不同学科的知识和方法,为学生提供了综合运用所学知识解决实际问题的机会。在主题式学习中,学生需要面对复杂的现实情境,分析问题的成因,提出解决方案,并付诸实践。这对学生解决问题能力的培养至关重要。

"主题式学习"能够锻炼学生发现和界定问题的能力。在探究现实问题的过程中,学生需要敏锐地观察生活,捕捉有价值的问题,并对其进行清晰的界定。这种问题意识和界定能力是解决问题的前提和基础。此外,"主题式学习"有助于提高学生分析问题和解决问题的能力。面对复杂的问题情境,学生需要运用批判性和创造性思维,分析问题产生的原因,探索解决问题的策略和方法。在这个过程中,学生的逻辑推理、信息收集与处理、资源整合等能力都能得到有效训练。

"主题式学习"为学生提供了检验解决方案、反思优化的机会。学生提出的解决方案往往需要在实践中进行检验和修正。这种将知识应用于实践,并在实践中反思优化的过程,能够增强学生解决问题的效能感和自信心,提高其应对真实世界挑战的综合能力。

在主题探究过程中,学生往往需要与他人合作,共同应对挑战。这种协作学习的过程不仅能够激发学生的学习兴趣,增强学习动机,而且有利于培养学生的沟通表达、团队协作等社会性技能。良好的情感体验和社交能力是学生勇于面对问题、积极解决问题的重要基础。

第二章　小学生量感培养概述

第一节　量感的概念

一、量感的基本定义

(一)量感的内涵

从本质上说,量感是指个体对事物的数量特征及其变化规律的敏感性和洞察力。它不仅包括对数的大小、长度、面积、体积等基本量的估测和判断,还涉及对事物数量关系的把握和理解。具备良好的量感,不仅有助于学生形成数学思维、提升逻辑推理能力,更能够帮助其在日常生活中做出合理决策、解决实际问题。

在认知心理学视角下,量感的内涵可以进一步细分为数感、符号感、空间感和测量感等维度。数感是指对数的概念、数量关系及其变化规律的敏锐洞察力,它是量感的基础和核心;符号感指对数学符号意义的理解和对数量关系的抽象表征能力;空间感涉及对空间形态、结构以及物体间相对位置关系的感知和想象;测量感则强调在测量活动中对测量对象特征的敏感和对测量结果的评估能力。这些维度相互联系、相互促进,共同构建起量感的核心内涵。

(二)量感的外延

1.日常生活中的量感

在日常生活中,量感的外延体现在对事物数量、大小、长短、轻重等属性的把握上。如在烹饪时掌握食材的用量、在购物时估算商品的价格、在装修时测量房间的尺寸,这些看似寻常的活动都离不开量感的运用。一个量感良好的人能够对生活中的种种数量关系做出敏锐而准确的判断,从而做出合理的决策和行动。

2.科学研究领域的量感

科学家需要对各种物理量(如长度、质量、时间、温度等)进行精确的测量和计算,才能发现事物的内在规律。正是凭借对数据的敏锐洞察和严密推理,科学家才得以不断推动人类知识的进步。

3.艺术创作领域的量感

无论是绘画、雕塑、音乐还是文学,都需要创作者对形、色、声、韵等要素进行精妙把控。一幅画的构图比例、一尊雕塑的体量平衡、一首乐曲的节奏韵律、一篇文章的字句锤炼,无不体现着艺术家对量的深刻理解和灵活运用。正是凭借对美的数量关系的敏锐感知,艺术家才能创造出一件件不朽的经典。

4.工程设计领域的量感

工程师只有对各种结构和材料的受力、变形、强度等特性进行精确计算和模拟,才能设计出安全、可靠、经济的建筑和机械。从摩天大楼到飞机航母,从精密仪器到家用电器,每一件现代工程奇迹的背后都凝聚着工程师娴熟的量感功底。如果没有扎实精湛的计算能力和空间想象力,就难以在错综复杂的工程问题中找到最优解。

二、量感在小学生认知发展中的作用

(一)培养数学思维

量感是数学思维的基础。在小学阶段,学生的量感发展水平直接影响着其数学思维的形成和发展。

首先,良好的量感有助于学生建立数量关系的认识。数学思维的核心是数量关系,而数量关系的建立离不开对量的感知和比较。例如,学生通过直接比较两个物体的长度,可以得出"A 比 B 长"的结论;通过间接比较多个物体的重量,可以得出"A 最重,C 最轻,B 介于两者之间"的认识。这些看似简单的比较活动,实际上是在培养学生的数学思维,帮助其理解数量关系的本质。

其次,量感的发展能够促进学生对数学概念的理解和掌握。许多数学概念,如长度、面积、体积、质量等,都是建立在量感基础之上的。学生只有通过大量的实践操作和感知活动,才能真正理解这些概念的内涵。例如,学生通过用不同的量具测量同一物体的长度,发现结果一致,从而理解长度的性质;通过对比不同形状物体的面积,发现面积与形状无关,从而抽象出面积的概念。量感活动是学生学习数学概念的重要途径。

再次,量感训练可以提高学生的数学抽象能力。抽象是指从具体事物中抽取共同的本质属性,形成概括性的认识。量感活动恰恰提供了这种从感性到理性、从具体到抽象的训练机会。例如,学生在反复比较和测量物体的过程中,逐渐发现不同物体之间量的相等关系,进而理解"度量"的意义;在探索物体排列方式与空间占用的关系时,逐步形成对"体积"的抽象认识。这些活动有助于学生建立数学的抽象思维模式。

最后,量感可以培养学生的逻辑推理能力。逻辑性要求学生能够根据事物之间的内在联系进行推理和论证。在量感活动中,学生经常需要通过比较、类比、归纳等方法,得出某种量的性质或规律。例如,通过观察天平两端物体的重量变化,学生可以推理出质量守恒定律;通过比较不同物体体积的大小关系,学生可以推理出体积的可加性。这些推理过程有助于学生掌握数学思维的基本逻辑。

(二)提升空间感知能力

空间感知是指个体对客观事物的形状、大小、方位等空间特征的知觉和理解能力。它是认知发展的重要组成部分,对学生的学习和生活都有深远影响。而量感作为一种对事物数量大小的敏锐洞察力,是空间感知得以形成和发展的基础。

量感培养有助于学生对空间关系的理解和运用。空间关系是指事物之间在空间位置、方向上的相互联系,如上下、左右、内外、远近等。通过开展丰富多样的空间游戏和活动,如拼图、迷宫、七巧板等,学生能够在动手操作中探索事物的空间布局,发现其中蕴含的数量关系,进而对复杂的空间结构形成整体认知。这种由具体到抽象、由感性到理性的学习过程,不仅能够提高学生的空间想象力和推理能力,更能培养其数形结合、灵活应变的数学思维品质。

量感培养对学生空间定位能力的形成具有重要意义。空间定位是指个体对自身所处方位的判断,以及在空间中进行移动和操作的能力。通过开展方向辨识、地图阅读、路线规划等活动,学生能够逐步建立起以自我为中心的空间参照系,并学会运用量的概念对空间位置进行描述和推断。这不仅有利于增强学生的方向感和定位能力,也能为其在现实生活中的空间决策和行为提供必要的认知基础。

三、小学生量感发展的阶段特征

（一）早期

早期儿童的量感是建立在直觉和感官经验基础之上的。他们通过视觉、触觉等感官直接感知事物的数量,而非借助抽象的数学符号和运算。例如,他们能够通过观察区分出"多"和"少",通过比较辨别出"大"和"小"。这种基于感性认知的量感,为儿童后续学习数学概念奠定了基础。

早期儿童的量感具有整体性和模糊性的特点。他们倾向于对事物的数量做出整体性的判断,而不善于进行精确的计数和比较。例如,面对一堆糖果,学龄前儿童往往能够直观地感受到数量的多寡,但难以准确说出具体的数目。

早期儿童的量感发展表现出阈限性和差异性。一般来说,学龄前儿童能够较准确地感知和区分 10 以内的数量,这是由其认知发展水平所决定的量感阈限。超出这一阈限,儿童的量感判断就会变得不稳定和不准确。

学龄前儿童主要通过游戏活动认识世界,游戏中的分类、排序、比较等操作,能够有效促进其量感发展。此外,日常生活中接触到的数量关系,如年龄、身高、食物分量等,也为儿童提供了运用和练习量感的机会。通过生活化、游戏化的学习,儿童能在潜移默化中提升量感水平。

（二）中期

中期,学生的量感从感性认识逐步向理性认识过渡。一方面,学生已经积累了一定的生活经验和知识储备,对事物大小、轻重、长短等属性有了初步的感性认识;另一方面,学生的逻辑思维能力正在快速发展,开始能够运用数学语言和符号对量进行描述和比较。

在这一阶段,学生对量的认识呈现出一些典型特征。首先,学生能够运用标准单位对量进行测量和表述。在教师的指导下,学生学会使用尺子、量筒、天平等测量工具,用厘米、毫升、克等标准单位表示物体的长度、体积和质量。这标志着学生度量水平的提升,量感逐步形成。其次,学生能够进行简单的量的比较和估算。通过直接或间接比较,学生能够辨别物体的大小、轻重、长短等属性,并对其进行粗略估计。这种估算能力是量感的重要表现,有助于学生在日常生活中快速做出判断和决策。最后,学生能够理解量的保守性。相关研究结果表明,儿童在

7—8岁能够认识到物体的属性在形状改变时是不变的,即量具有保守性。这一认识标志着学生逻辑思维能力的进步,是量感发展的重要里程碑。

然而,这一阶段学生的量感处于不稳定状态,容易受到知觉等因素的影响。例如,当两个等长的木棒排列方式不同时,许多学生会认为它们长度不等。这种"知觉中心化"现象反映出学生量感发展的不平衡性。因此,教师要以学生的认知水平为基础,设计多样化的教学活动,引导学生在实践中不断修正错误认识,逐步建立起稳定的量感。同时,教师要重视培养学生的数感,引导其理解数量关系与空间形式之间的联系,使量感建立在扎实的数学基础之上。

(三)晚期

晚期即小学高年级,这一阶段的量感特征表现得尤为鲜明和突出。相较于低年级学生,高年级学生的逻辑思维能力和抽象概括能力都有了显著提升,这为他们形成更加成熟和精准的量感奠定了认知基础。在日常生活和学习中,高年级学生已经能够较为灵活地运用数量关系进行推理和判断,对事物的空间大小、形状结构也有了更加细致入微的分辨力。

从数感角度来看,高年级学生不仅能熟练进行多位数的加减乘除运算,还初步具备了分数、小数等概念的理解能力。他们能够借助数轴等直观工具,形成数量的序列感,并在解决实际问题时有意识地选择恰当的计算策略。与此同时,高年级学生对数的估算能力在不断增强,他们能根据题意判断计算结果的合理范围,并运用数感对答案进行粗略检验,这有助于培养其数学思维的严谨性和敏锐性。

在空间方面,高年级学生已不再局限于对具体事物形状特征的感知,而是逐步过渡到抽象的几何思想。通过学习平面图形和立体图形的基本性质,他们能在头脑中建立起对点、线、面、体的概念框架,并运用想象力在脑海里自由组合和重构图形。针对现实情境中的空间问题,高年级学生能综合运用多种策略进行分析和解决,如绘制示意图、进行合理估测等,展现出初步的空间推理能力。

此外,高年级阶段的儿童在生活实践中也表现出较强的测量意识。他们能主动运用标准化的计量单位,如米、千克、升等,规范地进行长度、质量、容积等物理量的测量。对于测得的数据,他们还能进行简单的分析和比较,发现事物之间在量的层面上的联系和规律。这种知行合一的学习方式,让量感真正成为高年级学生认识世界、改造世界的有力工具。

第二节　小学生量感培养目标

一、提升学生的数感认知能力

数感是指对数字的敏感程度和理解能力,包括数字的识别、比较、运算等多个方面。数感的发展是一个从具体到抽象、从感性到理性的过程。

在小学阶段,数感的发展重点是理解数的序列性、组成性和相对性。所谓序列性,是指数字按照一定的顺序排列,任一数字都有其确定的位置和先后关系。组成性是指任一数字都可以由其他数字通过加减运算得到。相对性则强调数的大小是相对的,取决于所选择的参照物。深刻理解数的这些特征,是提升运算能力和解决问题能力的关键。

数感的发展水平直接影响学生后续的数学学习。拥有良好数感的学生,能够对数字信息进行快速而准确的处理,灵活运用运算法则解决问题。他们通常对数学抱有浓厚的兴趣,勇于探索和尝试,展现出较强的数学思维能力。相反,数感发展滞后的学生则容易在数学学习中遇到困难,产生畏难情绪,进而影响学习效果。

因此,在小学数学教学中,教师要高度重视学生数感的培养。教师在日常教学中要渗透数感训练,设计丰富、有趣的数学活动,引导学生主动探索数的奥秘。同时,教师要关注每个学生数感发展的个体差异,有针对性地提供指导和帮助。只有循序渐进、因材施教,才能真正提升学生的数感,为他们的数学学习和终身发展奠定坚实基础。

二、培养学生量化思维和解决问题的能力

(一)量化思维培养

量化思维是用数量关系和数学模型来描述事物的特征和规律。在小学数学教学中,培养学生的量化思维能力不仅有助于学生更好地理解数学概念、解决数学问题,更能为其未来的学习和发展奠定坚实的思维基础。

首先,教师要引导学生关注事物的数量特征。教师可以创设丰富的教学情境,激发学生对数量关系的敏感性。例如,在学习图形面积时,教师可以引导学生观察生活中的各种图形,思考其面积大小,并尝试用数字来表达。通过这种方式,

学生能够意识到数量在描述事物特征方面的重要作用,逐步建立起量化的思维方式。

其次,教师要注重培养学生运用数学模型解决问题的能力。数学模型是量化思维的重要工具,它能够将复杂的现实问题抽象化、简单化,从而便于分析和求解。在教学中,教师可以提供一些与学生生活密切相关的问题情境,引导学生尝试建立数学模型。例如,在学习数据分析内容时,教师可以引导学生对班级学生的身高进行测量、统计和分析,并尝试用统计图表等数学模型来呈现数据特征。通过反复练习和探索,学生能够逐步掌握数学建模的一般步骤和思路,提升运用量化思维解决实际问题的能力。

再次,教师要重视数形结合的教学策略。数学概念具有较强的抽象性,单纯的数字运算很容易让学生产生枯燥和畏难的心理,而数形结合能够将抽象的数量关系与具体的形象联系起来,增强学生的直观感受和理解。例如,在学习分数内容时,教师可以利用折纸、分割等形象化的操作,帮助学生理解分数的意义;在学习函数内容时,教师可以引导学生通过列表、画图等方式,探索变量之间的对应关系。通过数形结合,学生能够在具体的操作和感知中,逐步建构起抽象的数学概念,发展量化思维的能力。

另外,教师要充分挖掘生活中的数学素材,创设体验型、参与式的数学活动,引导学生在实践中感受数学的价值和魅力。例如,教师可以组织学生进行市场调查,运用数学知识分析商品价格、销售情况等,并提出合理化建议;教师可以开展数学建模竞赛,鼓励学生用数学工具解决一些开放性的现实问题。在这些活动中,学生不仅能够巩固所学知识,更能发展数学抽象、逻辑推理、合作探究等关键能力,为量化思维习惯的形成打下基础。

(二)解决问题能力培养

解决问题能力的培养应该注重提升学生的元认知能力。元认知是指个体对自己认知过程的认识和监控,它包括对问题的理解、解决方案的选择、解决过程的监控和结果的评估等环节。只有具备良好的元认知能力,学生才能够清晰地认识问题情境,明确量化分析的目标和途径,合理配置认知资源,提高解决问题的效率和质量。因此,教师在教学中要渗透元认知策略,如自我提问、自我监控、自我评价等,引导学生反思自己的思维过程,优化问题解决方案。

解决问题能力的培养应重视激发学生的学习兴趣和探究欲望。量感问题往往源于现实情境,具有一定的复杂性和开放性。教师应精心设计问题情境,选取学生感兴趣、与生活紧密相连的素材,激发他们运用量感知识解决问题的热情。同时,教师要营造宽松、平等的课堂氛围,鼓励学生大胆质疑、勇于尝试,体验解决问题的快乐,树立学好数学的信心。

解决问题能力培养过程中,应为学生提供动手实践、自主探究的机会。量感来源于现实,又服务于现实,脱离具体情境的量感学习是空洞无物的,因此,教师应开展丰富多样的实践活动,让学生亲身参与问题情境的创设和问题解决方案的实施,在实践中感悟量的意义,体验运用量感知识解决问题的过程。例如,教师可以组织学生开展测量活动,引导他们运用测量工具获取数据,分析数据反映的问题,提出改进方案;教师还可以引导学生针对生活中的量化问题展开小组探究,通过小组协作、分工合作,解决具有挑战性的问题。

能力的培养过程,应关注学生的批判性思维和创新意识。在问题解决过程中,学生难免会遇到困难和挫折,教师要鼓励他们用批判的眼光审视问题,从多角度、多层次分析问题的原因,找出解决问题的突破口。同时,教师要引导学生打破思维定式,突破常规思路,运用创造性思维提出新颖、独特的解决方案。这不仅能够提升学生解决量感问题的能力,更能够培养他们敢于创新、勇于探索的科学精神。

三、增强学生的实际应用能力和创新意识

(一)实际应用能力的培养

培养学生的实际应用能力,需要教师在教学理念、课程设置、教学方法等方面进行系统性的创新。

从教学理念来看,培养学生实际应用能力要求教师突破传统的"知识传授"范式,树立"能力导向"的教育理念。这意味着教学的重点不再局限于理论知识的灌输,而是要着眼于引导学生将知识内化为实践能力。教师要善于创设问题情境,引导学生主动思考、动手实践,在解决问题的过程中提升综合能力。同时,教师应注重培养学生的创新意识和批判性思维,鼓励其打破常规,勇于质疑,提出独特见解。

从课程设置来看,学校应加强实践类课程的比例,为学生提供充足的实践机会。通过参与多样化的实践项目,学生能够更全面地理解所学知识,并在综合运用知识的过程中提升实际应用能力。课程设置还应注重理论与实践的融合,在夯

实学生理论基础的同时,引导其将理论知识应用于实际,加深对知识的理解和掌握。

从教学方法来看,培养学生实际应用能力需要教师创新教学模式,采用启发式、参与式的教学方法。案例教学就是一种行之有效的方式,教师可以选取经典案例,引导学生进行分析和讨论。在案例分析的基础上,教师还可以组织学生开展小组合作,鼓励其将所学知识应用于具体任务中,并在团队协作中提升沟通、表达、组织协调等关键能力。

(二)创新意识的激发

创新意识是个体或群体对新事物、新思想、新方法的敏感性和接受力,以及在实践中创造新事物的意识倾向和心理特征。它是创新能力形成和发展的重要基础,也是推动社会进步的不竭动力。

小学阶段是儿童身心发展的关键时期,其思维方式、行为习惯、价值观念都处于形成和塑造的过程中。这一时期,儿童的好奇心强,想象力丰富,对新鲜事物充满兴趣,具有极大的可塑性。教育工作者应抓住这一宝贵机遇,采取多种措施激发学生的创新意识,为其未来的创新发展奠定基础。

教师应营造宽松、民主、平等的教学氛围,鼓励学生大胆质疑、积极探索。创新意识的激发需要一个开放、包容的环境,让学生敢于表达自己的想法,勇于尝试新的方法。教师要尊重学生的独特见解,接纳学生的多元观点,给予学生更多自主探究的机会。

教师要开展形式多样的创新教育活动,为学生提供展示创造力的平台。例如,开展创新设计大赛,鼓励学生发挥想象力,设计新颖独特的作品;组织学生进行科技小制作,引导学生动手实践,制作创意产品;开展创意写作比赛,激发学生的语言创造力。在这些活动中,教师要充分肯定学生的创新努力,表彰取得优秀创新成果的学生,以激发学生的创新热情,增强其创新自信。

教师要重视培养学生的创新思维能力。创新思维是创新意识的核心,它包括发散思维、联想思维、逆向思维等多种形式。教师可以通过趣味游戏、头脑风暴等形式,训练学生的创新思维。例如,给学生设置一个开放性问题,鼓励其从不同角度提出解决方案。在这个过程中,教师要注重启发诱导,提供适当的引导和点拨,激活其创新潜能。

家长是学生创新教育的重要参与者,其言传身教对学生创新意识的形成具有潜移默化的影响。学校应加强与家长的沟通合作,引导家长树立正确的教育观念,营造良好的家庭教育环境。例如,学校可以举办家长培训讲座,介绍创新教育的理念和方法;家长可以陪伴孩子开展一些创新游戏,鼓励孩子创造性地解决问题。

第三节　小学生量感培养的原则

一、实践性原则

(一)课堂活动实践

从认知心理学的视角来看,知识的习得离不开具体情境的支撑。因此,教师在设计课堂活动时,应着力为学生创设与生活实际密切相关的数学情境,引导其在实践操作中探索量的规律,感悟数量关系。同时,有效的课堂活动能激发学生的学习兴趣,培养其主动思考的意识和习惯。

创设生活化的数学情境是提升课堂活动质量的关键。小学生的抽象思维能力尚未发展成熟,很难理解脱离实际的数学概念和原理。教师应善于捕捉学生日常生活中蕴含的数学元素,将其转化为鲜活的教学资源。例如,在学习长度单位时,教师可以引导学生用手、脚等身体部位去丈量课桌、讲台的尺寸,用不同测量工具测量时的换算关系;在认识质量单位时,可以让学生称一称文具盒、篮球等物品的重量,在实际测量中建立起质量感。通过这些生动形象的活动,学生能够直观地感知数学知识在现实生活中的应用,加深对量的理解。

布置富有探索性的实践任务是提高课堂活动实效性的重要举措。传统的课堂教学往往以教师讲授为主,学生被动地接受知识,很少有自主探索的机会。而在量感培养中,学生只有亲自动手实践,主动构建知识,才能真正理解量的本质,掌握数学思维的方法。因此,教师应精心设计具有开放性的实践任务,引导学生自主探索、合作交流,在操作中发现问题、分析问题、解决问题。例如,在学习面积单位时,教师可以让学生分组测量不同形状物体的面积,并尝试用多种单位表示面积,在实践中体会单位换算的原理;在认识体积单位时,可以引导学生估测不同容器的容积,并通过实际测量来检验自己的估测结果。这些探索性的活动不仅能够调动学生学习的主动性,更能培养其分析问题、解决问题的能力。

设计游戏化的教学环节是增强课堂活动趣味性的有效途径。小学生普遍好奇心强、注意力不够集中,传统的说教式授课很容易引起学习疲劳。将游戏元素融入课堂,能够有效激发学生的学习兴趣,使枯燥的知识学习变得生动有趣。例如,在进行单位换算练习时,教师可以利用多米诺骨牌游戏的规则,设计一系列换算题,让学生通过接龙的方式快速进行单位换算;在学习时间单位时,可以开展"一天时间我做主"的模拟游戏,让学生扮演不同角色,合理安排一天的活动,在游戏中感受时间流逝的规律。这些寓教于乐的活动设计,不仅能够调动学生的参与热情,更能帮助其建立起数形结合的思维习惯。

(二)课外实践拓展

课外实践旨在打破课堂教学的时空局限,为学生提供更加广阔、真实的学习情境,引导他们在现实世界中感悟数量关系,培养敏锐的量感。这一过程不仅能够深化课堂所学,更能激发学生探索未知的兴趣和热情。

课外实践拓展要立足学生的生活实际,充分利用丰富多样的社会资源。例如,学校可以组织参观博物馆、科技馆等场馆,让学生在观察和体验中认识各种事物的量的特征;到超市、菜市场等场所进行采购活动,感受价格、重量等量的应用;参与农事劳动,了解农作物的生长周期和产量估算。这些活动不仅能够加深学生的感知体验,更能培养其理性思维和动手操作能力。

在组织形式上,课外实践拓展应强调师生互动、生生互动,鼓励学生主动参与、积极探索。教师可以设计各种游戏化的项目,如测量学校操场的周长、绘制教室平面图等,引导学生合作完成任务并展示成果。教师可以组织小组辩论,围绕生活中的量的问题展开讨论,锻炼学生的表达能力和批判性思维。在这些互动活动中,学生不仅能够深化对量的认识,更能提升合作意识和创新精神。

课外实践拓展应注重家庭、学校、社会协同,为学生营造良好的量感培养环境。学校要加强与家长的沟通,鼓励家长在日常生活中渗透量感教育,例如,在做饭时让孩子参与称量食材,在购物时引导孩子比较商品价格。社区和企业也要发挥教育主体作用,例如,图书馆可以开设数学讲座,科技公司可以举办量的探索夏令营,为学生提供接触社会、感知量的多元途径。

二、直观性原则

(一)教具使用

教具的合理使用能够帮助学生建立起具体的量的表象,加深对量的理解和认识。在量感培养的不同阶段,教师应根据教学内容和学生认知特点,精心选择和设计教具,引导学生在动手操作、亲身体验的过程中,逐步构建起系统完整的量感知识。

在量感培养的初始阶段,学生对量的认识还停留在感性层面,缺乏对量的抽象理解能力。因此,教师应选择形象生动、易于操作的实物教具,如玩具、生活用品等,引导学生通过直接比较、排序等方式,感知物体的长短、大小、轻重等属性,积累量的初步印象。例如,教师可以准备不同长度的绳子、不同大小的球、不同重量的石头等,让学生通过手触、眼观、耳听等,体会"长""短""大""小""轻""重"等词所代表的量的差异。在此基础上,教师还可以引入半具体的教具,如图片、视频等,帮助学生在实物到图像的转换中,进一步抽象量的概念。

随着学生逻辑思维能力的发展,教师应适时引入数学化的教具,引导学生运用数量关系,精确地描述和比较客观事物的量。例如,在学习长度时,教师可以向学生展示有刻度的直尺,指导其认识厘米、米等长度单位,并运用直尺测量课桌、黑板等物体的长度。通过系列练习,学生不仅能掌握常见量的测量技能,更能建立起数量关系与客观事物之间的对应联系。

过于抽象或枯燥的教具可能会降低学生的学习热情,影响教学效果。因此,教师应立足学情,将游戏、竞赛、表演等充满童趣的元素融入教具的设计和使用中,调动学生学习量感知识的主动性。同时,教师应注重引导学生自制教具,在动手制作的过程中,进一步强化对量的直观理解和操作能力。

教具的使用应与其他感官活动和数学化语言的学习紧密结合。通过观察、触摸、操作教具获得直观印象后,教师应鼓励学生用"三个火柴棒长""两个苹果重"等数学化语言表达量的关系,在语言表达中进一步抽象和概括量感经验。只有在直观与抽象、动手与表达的交互中,学生才能真正建立起扎实、有效的量感知识。

(二)多媒体辅助

传统的量感教学以实物操作为主,学生通过亲手摆弄实物,感知其大小、长短、轻重等属性,在具体操作中建立起对量的初步认识。然而,单纯依靠实物操作难以让学生形成系统全面的量感。多媒体技术的引入为破解这一难题提供了新的思路。

借助多媒体课件,教师可以将现实生活中的多样化量感经验转化为直观、形象的视听媒体,通过动画、视频、图片等方式呈现在学生面前。这种方式不仅能够节省实物准备的时间和精力,更能通过视觉冲击激发学生的学习兴趣,调动其多种感官参与量感知识体系建构。例如,在学习长度单位换算时,教师可以利用多媒体动画演示米、分米、厘米、毫米之间的递进关系,通过动态变化直观地展现出不同单位之间的数量关系,帮助学生建立起长度单位的序列感。

多媒体技术能拓宽量感教学的广度和深度。传统的量感教学多聚焦于学生日常生活经验,对一些超出生活范畴的量缺乏体验和认知;而多媒体技术可以打破时空限制,将宏观世界和微观世界的量感经验呈现在学生面前。例如,在学习质量单位时,教师可以播放人造卫星、航天飞机等超大质量物体的视频,以及原子、分子等微观粒子的模拟动画,拓宽学生对质量范畴的认知。同时,教师可以利用多媒体实现不同学科领域的量感渗透,例如,在数学课上融入物理学的质量、力的概念,在劳技课上融入化学的体积、密度的知识,促进学生量感的综合发展。

在传统教学中,学生的量感实践活动多限于课堂和课本,难以主动尝试和验证自己的想法。而借助多媒体平台,学生可以开展丰富多样的量感探究活动,例如,通过数据采集系统测量身边事物的长度、质量等,通过数字建模软件设计各种图形的周长、面积,在探究实践中主动建构量感知识体系。教师还可以引导学生利用多媒体手段创设量感问题情境,如绘制不同比例的地图、制作用不同单位表示同一事物的统计图表,在创新实践中强化量感运用。

(三)视觉化展示

视觉化展示是通过形象生动的视觉材料,如实物、模型、图片、动画等,将抽象的数学概念具体化,帮助学生建立起直观、准确的量的表象。视觉化展示不仅能激发学生的学习兴趣,调动其多感官参与学习,更能加深学生对量的认识和理解,为量感的发展奠定坚实基础。

在小学数学教学中,教师应充分利用各种视觉化材料,创设丰富多样的量感培养情境。例如,在认识长度时,教师可以展示米尺、皮尺等测量工具,引导学生观察、操作,感知长度的大小;在学习容积时,教师可以准备各种形状的容器,让学生通过倒水、比较,体验容积的大小。这些直观的视觉体验能够帮助学生形成清晰、准确的量的概念,为后续学习奠定基础。

除了实物展示,教师还可以利用多媒体技术,将静态的图片、动态的动画与量感培养巧妙结合。例如,在学习面积时,教师可以播放正方形、长方形等平面图形的动画,演示其面积的计算过程;在学习体积时,教师可以展示正方体、长方体等立体图形的三维模型,帮助学生理解体积的含义。这些生动形象的视觉展示能够吸引学生的注意力,激发其探究欲望,使枯燥的数学概念变得鲜活起来。

视觉化展示的方式应与学生的认知发展水平相适应。低年级学生处于具体形象思维阶段,教师宜多使用实物、图片等直观材料,帮助其建立感性认识;高年级学生逐渐发展出抽象逻辑思维,教师可适当增加图表、数轴等抽象材料的呈现,引导其归纳、概括量的特征和规律。这种递进式、渐进式的视觉化设计,能够有效促进学生量感的连续发展。

教师可以创设丰富的空间几何情境,如折纸、拼图、搭建等,锻炼学生的空间感知和想象力;还可以引导学生在数轴上标示数量、在坐标系中展示变化趋势,加强数形之间的联系,提升学生的数学抽象能力。这些视觉化活动不仅能够拓展学生的认知维度,更能培养其数学思维品质。

三、系统性原则

(一)知识点衔接

量感作为一种抽象而综合的数学素养,其形成和发展需要建立在扎实的知识基础之上。学生只有充分理解各知识点的内在联系,构建起完整、系统的知识架构,才能真正掌握数量关系的本质,提升量感认知水平。

面对纷繁复杂的数学知识,教师需要明晰各知识点之间的逻辑关系,把握知识体系的内在规律。例如,在学习长度、面积、体积等量的度量时,教师要引导学生认识它们之间的递进关系,理解"米—平方米—立方米"的单位进率,建立起统一的度量框架。只有厘清这些纵向联系,学生才能融会贯通,举一反三。

在纵向梳理的基础上,教师还需要关注数学知识的横向联系,挖掘不同领域、不同学科之间的内在联系。量感培养与语文、科学等学科有着密切的关联。例如,在语文教学中,学生学习"千里之行,始于足下"的名言警句,实际上就蕴含着从量变到质变的辩证思想;在科学教学中,学生探究昼夜交替、四季更迭的自然规律,实质上就在感悟事物的周期性和韵律美。抓住这些契机,开展跨学科的融合教学,能够拓宽学生的知识视野,加深其对量的本质属性的理解。

知识点的系统梳理和有机衔接需要贯穿教学全过程,渗透到课堂教学的方方面面。在导入新课时,教师要利用旧知激活学生已有的知识经验,为新知学习做好铺垫;在新授课程时,教师要引导学生主动建构知识之间的联系,加深对数量关系的理解;在课后练习时,教师要精心设计题目情境,引导学生迁移运用所学知识,提升解决实际问题的能力。

(二)课程体系构建

在小学生量感培养中,构建科学合理的课程体系不仅需要遵循量感培养的基本原则,更要立足小学生身心发展特点,紧密结合数学学科核心素养,促进知识、能力、情感态度价值观的协调发展。

1.量感培养课程体系应体现整体性和系统性

量感是一个涵盖长度、面积、体积、质量等多维度的综合概念,涉及空间想象、数感、符号意识、运算能力等诸多方面。因此,在设计课程目标、筛选教学内容时,要立足量感培养的整体要求,注重各知识点、技能点之间的内在联系,构建起完整、有序的知识架构和能力体系。同时,量感培养应渗透到数学学科的各个分支,与代数、几何、统计等紧密结合,形成综合性、跨学科的课程结构。只有建立起系统化的课程体系,才能为学生量感思维的发展提供坚实基础。

2.量感培养课程体系应呈现出连续性和递进性

小学阶段是学生量感萌发和发展的关键时期。课程设置要遵循学生认知发展规律,做到由浅入深、由易到难,体现出合理的进阶与衔接。例如,在低年级阶段,可以重点培养学生的直观比较能力,通过丰富的实践活动和游戏体验,帮助学生建立起对事物量的初步感知;而在中高年级阶段,应逐步过渡到间接比较乃至数量化的测量方法,引导学生理解测量的意义,掌握常用测量工具的使用技巧,建立起扎实的数感基础。

3.量感培养课程体系应凸显活动性和开放性

量感作为一种综合实践能力,很难仅凭课堂讲授来获得。因此,在教学中,教师要为学生提供丰富、真实的操作探索机会,通过动手实践、小组合作、项目学习等多种形式,激发学生主动参与的热情。同时,教师应营造开放、宽松的课堂氛围,鼓励学生大胆质疑、勇于创新,在师生互动、生生互助中完成量感知识体系建构。特别是要重视解决现实问题情境的创设,引导学生将数学知识迁移到生活实践,在不同领域和场景下灵活运用测量策略,切实提升量感的应用能力。

4.量感培养课程体系要考虑差异性和弹性

小学生的认知基础和学习能力参差不齐,对测量活动的兴趣爱好也不尽相同。因此,课程设计应为不同层次、不同需求的学生提供多元选择,因材施教、分层教学。可以通过课程分级、跨班选修、个别化辅导等途径,最大限度地满足学生的个性化需求,缩小学生之间的差距。此外,对于数学学习有特殊困难的学生,还要制定有针对性的课程方案和评价标准,切实帮助其补齐短板、跨越障碍,保障每一个学生都能在量感培养中获得应有的发展。

四、层次性原则

(一)难度梯度设置

小学生量感培养应遵循学生认知发展规律,循序渐进、由易到难地安排学习任务,使学生能够在原有经验的基础上不断拓宽知识和能力边界。

在小学生量感培养过程中,教师应深入分析学生已有的数量概念和测量经验,合理把握学习内容的深度和广度。例如,在学习长度测量时,可先从直观比较、间接比较入手,引导学生用身边的事物作为参照进行长短判断;再过渡到对常用计量单位的认识和应用,如厘米、米等;最后,在学生掌握基本测量方法后,可进一步拓展到分数、小数的度量,培养其数感和空间观念。这种循序渐进、环环相扣的学习过程,能够帮助学生建立起系统完整的测量概念体系。

(二)学习进度安排

在小学生量感培养过程中,教师应根据学生的认知发展水平和个体差异,科学规划教学内容和学习任务,让学生在已有经验的基础上循序渐进地学习新知识,逐步提升量感。具体而言,学习进度安排应遵循以下几点。

1.学习内容应从易到难、由浅入深地展开

教师要充分考虑学生的认知起点和接受能力,在浅显的量的直观感知基础上逐渐过渡到抽象的数量关系理解。例如,在低年级阶段侧重培养学生对长度、面积等基本量的感知能力,通过直接比较和间接比较等方式认识事物的量的特征。随着年级的提高,可引导学生探索数量关系,理解单位量、进率等更加抽象的概念。这种循序渐进的学习过程有利于学生在原有经验的基础上不断建构新的知识体系。

2.学习任务应由简单到复杂、由单一到综合地设置

培养量感不能脱离具体的问题情境,教师要为学生创设从简单到复杂的探究任务,引导其运用所学知识解决实际问题。例如,可以先设计一些情境简单、计算要求低的估测活动,让学生在实践中巩固基本的量的判断力。在此基础上,再设计一些涉及多种量的关系、需要综合运用策略的任务,提升学生分析问题和解决问题的能力。学习任务难度的梯度设置能够帮助学生构建起完整的知识和能力框架。

3.学习节奏应统筹兼顾、动静结合

教师要把握学生身心发展规律,在学习节奏上做到张弛有度、收放自如。在学生精力集中的时候安排一些富有挑战性的探究任务,调动其积极性;在学生注意力不集中的时候设计一些简单有趣的游戏活动,帮助其放松心情。同时,要给学生留出充足的时间进行独立思考和动手操作,让其在主动建构知识体系的过程中内化量感。学习节奏的合理把控能够最大限度地发挥学生的学习潜力。

4.学习进度应兼顾学生的个体差异

由于学生的认知风格、学习习惯等方面存在差异,教师要因材施教,根据每个学生的特点灵活调整教学方式和进度。对于接受能力较强的学生,可以适当提高学习任务的难度,加快学习节奏;而对于基础较弱的学生,则应耐心指导,给予更多的练习机会。学习进度的分层设置能够照顾到每个学生的发展需求,促进量感培养的均衡性和公平性。

(三)分层教学

分层教学是一种基于学生个体差异,针对不同学习能力、学习风格的学生采取不同教学策略的教学组织形式。在小学生量感培养中,分层教学可以有效解决学生量感基础参差不齐、学习需求多样化的问题,提高教学的针对性和实效性。

实施分层教学需要全面了解学生的量感发展水平,科学地进行学生分组。教师可以通过前测、观察、谈话等多种方式收集学生的量感信息,根据学生对长度、面积、体积、质量等量的感知和比较能力,将学生划分为不同层次。在分组过程中,教师要注重发挥学生的主体性,尊重学生意愿,适度调整分组,增强学生的归属感和学习动机。

在教学目标设定方面,分层教学强调因材施教、分类指导。对于量感基础较好的学生,教师可以设定更高的目标,引导其探索量的间接比较、近似估计等高阶思维;对于量感基础薄弱的学生,教师应设定适度目标,引导其在直观操作中感知量的特征,培养量感。同时,教师要注重纵向目标之间的衔接、横向目标之间的配合,使不同层次学生的发展能够互相促进、共同提高。

在教学内容呈现方面,分层教学提倡因层施教、分类呈现。教师要根据不同层次学生的认知特点,有针对性地选择和组织教学内容。对于量感基础较好的学生,教师可以适度增加教学内容的广度和深度,拓展其量感的应用范围;对于量感基础薄弱的学生,教师应聚焦量感的基本内容,创设丰富的感知情境,引导其在反复操作中巩固量感经验。同时,教师要注重教学内容的趣味性和挑战性,激发不同层次学生的学习兴趣。

在教学方法运用方面,分层教学倡导因人施教、分类指导。教师要根据不同层次学生的学习风格,灵活选择教学方法。对于量感基础较好的学生,教师可以采用自主探究、小组合作等学生主导的教学方法,激发其学习潜能;对于量感基础薄弱的学生,教师可以采用直接指导、示范引导等教师主导的教学方法,帮助其突破量感障碍。同时,教师要注重教学方法的多样性和互补性,为不同层次的学生提供展示自我、互帮互助的机会。

在教学评价反馈方面,分层教学强调因需施教、分类评价。教师要根据不同层次学生的发展需求,采取多元化的评价方式。对于量感基础较好的学生,教师可以侧重过程性评价,关注其探究能力、创新意识的提升;对于量感基础薄弱的学生,教师可以侧重形成性评价,关注其学习态度、进步程度的变化。同时,教师要注重评价主体的多元化,引导学生开展自评、互评,提高其自我监控和反思能力。

教师要为不同层次的学生创造交流互动的机会,搭建合作学习的平台。在异质协作中,量感基础较好的学生可以带动和引领其他学生,提升解决问题的能力;量感基础薄弱的学生可以向其他学生学习,借助他人的支持填补自身的不足。这种跨层交流不仅有利于深化量感理解,更能够增进学生之间的友谊,营造良好的班级氛围。

五、持续性原则

(一)长期规划

量感的形成和发展是一个循序渐进、持之以恒的过程,需要在整个小学阶段做好顶层设计和统筹安排。只有制订科学合理的长期规划,才能真正实现量感培养的系统性和持续性,帮助学生建立起扎实的数学基础。

在制订量感培养长期规划时,要全面考虑小学各年级学生的认知水平和心理特点。低年级学生对事物的认知主要依赖直观感知,因此教师教学时应以生动形象的教学活动为主,引导学生在游戏和操作中感受数量关系。随着学生年龄的增长,学生的抽象思维逐步发展,可以适当增加数学概念和原理的学习,教师要引导学生运用数学知识解决实际问题。长期规划要充分尊重学生的成长规律,做到循序渐进、因材施教。

根据小学不同学段的教学内容和要求,总目标可分解为若干子目标,再为每一学年甚至每一学期制定具体的学习任务。例如,一年级可侧重培养学生对事物数量特征的直观感知和比较能力;二、三年级可引导学生运用标准单位进行测量,发展对长度、面积等量的量感;四、五年级可拓展学生的量感内涵,使其初步感受和理解速度、密度等派生量。这样由浅入深、层层递进的目标设计,有利于保证量感培养的连贯性。

在长期规划的具体实施中,要充分发挥校内外资源的协同作用。学校应加强不同学科教师间的沟通合作,挖掘量感培养的跨学科融合点,实现德育、智育、体育、美育等多维育人目标的统一。同时,学校要注重家校合作,引导家长在日常生活中创设有利于量感发展的情境,强化课堂教学效果。此外,博物馆、科技馆等校外教育资源也是量感培养的重要平台,可以帮助学生开阔眼界、丰富感性经验。

(二)持续改进措施

1.及时更新教学内容

随着科学技术的飞速发展,量感培养所涉及的知识体系也在不断更新迭代。教师要紧跟学科前沿,适时将最新的科学成果引入课堂,用发展的眼光审视教材内容,对陈旧过时的部分予以剔除,增加富有时代特色的素材,确保学生能够掌握最前沿、最科学的量感知识。

2.创新教学方法与手段

信息技术的广泛应用为量感培养教学提供了新的可能。教师应积极利用多媒体、虚拟仿真等现代化教学手段,为学生创设身临其境的学习情境,加深其对量的感性认识。此外,教师还可以开发情境化、游戏化的教学活动,在寓教于乐中提升学生的学习兴趣,帮助其建立起量的概念。

3.完善评价反馈机制

科学的评价是教学改进的重要依据。在量感培养过程中,教师既要重视总结性评价,考查学生对量的概念理解和实践运用能力,也要注重形成性评价,及时发现学生在学习过程中存在的困难和问题。评价结果应被用于指导后续教学,有的放矢地为每个学生提供个性化的学习支持,助力其量感持续提升。

4.加强校际交流合作

量感培养是一项复杂的系统工程,单方面的力量难以实现其持续优化。教师应主动开展校际交流活动,借鉴其他学校的成功经验,吸收和移植适合本校实际的优秀做法。通过集思广益、互学互鉴,可以极大提升量感培养方案的科学性和有效性。

第三章 "主题式学习"在小学生量感培养中的应用

第一节 "主题式学习"对小学生量感认知的影响

一、"主题式学习"对小学生量感概念理解的促进作用

(一)量感概念的建构

量感概念是小学生认知发展的基础,对学生理解数学世界、解决现实问题具有重要意义。通过设计与学生生活密切相关的主题活动,教师能够为学生提供丰富的感知经验,帮助其在具体情境中理解量的意义。

"主题式学习"强调以学生为中心,鼓励学生主动探索、动手操作。在主题活动中,学生可以通过直接比较、间接比较、用任意单位测量等方式,认识事物的长短、大小、轻重等属性,在感知的基础上逐步抽象出量的概念。例如,在"小小建筑师"主题活动中,学生通过搭建积木房屋,不仅能够感受积木的形状、大小等特征,还能初步认识长度、体积等数学概念。在比较不同房屋模型的过程中,学生还能发现量的保守性、可加性等重要性质。

"主题式学习"注重引导学生在实践中应用量感知识,加深对量的理解。在主题活动中,教师可以提出与主题相关的问题,引导学生运用所学知识解决问题。例如,在"小小建筑师"活动中,教师可以引导学生估计并测量教室中物品的长度,让学生学会运用长度单位描述现实事物;在"一起做饭"活动中,教师可以引导学生探索食材用量与菜肴口味的关系,初步认识比例的概念。学生在运用知识解决问题的过程中,不仅能巩固所学的量感知识,还能提升分析问题、解决问题的能力,感受数学的实用价值。

量感知识体系的建构需要在不断的实践应用中加深理解、拓展认知。通过参与多样化的主题活动,学生能够在不同情境中感知量的多重意义,加深对量的理解。学生在主题活动中学习到的比较策略、测量方法等也能迁移到学习和生活的其他领域,从而提升学生的学习能力。"主题式学习"通过创设贴近生活的学习情

境,引导学生在实践体验中主动建构知识体系、应用知识,为学生量感概念的形成奠定坚实基础。

(二)量感概念的深化

在"主题式学习"中,教师通过创设真实情境,引导学生在具体情境中深化量感概念。这个过程不仅能够帮助学生建构扎实的量感知识体系,还能培养其运用量感知识解决实际问题的能力。

教师应精心设计学习情境,使其紧密联系学生的生活实际。例如,在学习长度概念时,教师可以引导学生测量教室、操场等熟悉场景中物体的长度;在学习"质量"概念时,教师可以让学生称量书包、文具盒等日常用品的重量。这些贴近生活的学习情境能够激发学生的兴趣,使其更加主动、积极地投入学习中。

教师应注重引导学生开展探究活动,深化对量感概念的理解。例如,在学习面积概念时,教师可以引导学生通过拼组图形、观察剪拼等方式,探索面积的保持性;在学习体积概念时,教师可以鼓励学生通过灌水、堆砌等操作,感知体积的特性。这些探究活动不仅能加深学生对量感概念的理解,还能培养其动手操作、自主探究的能力。

教师应注重引导学生将量感知识迁移运用到解决实际问题中。例如,在学习时间概念时,教师可以设计与学生作息时间相关的问题情境,引导学生运用时间知识分析和解决问题;在学习货币概念时,教师可以创设模拟购物情境,指导学生运用货币知识进行估算、付款等操作。这些应用实践活动能够帮助学生建立量感知识与生活实践的联系,提升其运用知识解决问题的能力。

(三)量感概念的应用

通过"主题式学习",学生不仅能够深入地理解量感概念,还能将这些概念迁移到实际问题情境中,提升运用量感知识解决问题的能力。

1.为学生提供丰富的量感应用情境

在"主题式学习"中,教师通过精心设计与主题相关的探究活动,如测量课桌长度、计算操场面积等,引导学生在具体情境中感知量的属性,理解量的意义。这种情境化的学习方式能够激发学生的兴趣,帮助其建立量感概念与现实世界的联系,加深对量感知识的理解。

2.培养学生发现和解决量感问题的能力

在探究活动中,学生需要运用已有的量感知识,通过实际测量、估算、计算等方式,解决与主题相关的实际问题。这个过程不仅能巩固学生的量感概念,还能锻炼其分析问题、解决问题的能力。学生在反复解决问题的实践中,能够逐步掌握运用量感知识的策略和方法,形成一定的量感应用能力。

3.为学生提供将量感知识迁移到新情境的机会

学生在探究活动中习得的量感知识具有一定的普适性。通过"主题式学习",学生能够尝试将这些知识迁移到其他学科领域和生活场景中,解决更多与量有关的实际问题。这种知识迁移能力的形成,标志着学生量感素养的提升。

4.帮助学生形成良好的量感思维品质

在探究活动中,学生需要运用比较、类比、估测等思维方式,分析事物的量的特征。长此以往,学生能够逐步养成敏锐观察事物量的变化、准确把握事物量的大小的习惯,形成细致入微、严谨求实的量感思维品质。这种思维品质不仅有利于学生量感学习,还有助于其终身发展。

二、"主题式学习"对小学生量感应用能力的提升作用

(一)数学运算能力

"主题式学习"强调以学生为中心,根据其认知特点和兴趣需求设计教学活动,引导学生在具体情境中主动探索、发现规律,从而深刻理解数学概念,掌握数学思维方法。在"主题式学习"中,教师可以通过创设与主题相关的问题情境,激发学生运算的需求。例如,在"超市购物"主题中,学生需要估算商品价格,计算找零、折扣等,在实际运用中体会运算的意义和技巧。教师还可以引导学生比较不同的解题策略,启发其优化运算步骤,提高运算效率。在这个过程中,学生不仅能巩固基本的运算技能,还能锻炼数学抽象、逻辑推理等高级思维能力。

"主题式学习"注重培养学生的数学表达与交流能力。在开展主题探究时,学生往往需要通过小组合作完成任务。他们在讨论问题、评估方案的过程中,能够学会用数学语言清晰表达自己的想法,用数据和论证说服他人,在合作交流中提

升表达能力和批判性思维。这种在真实语境中训练的能力,有助于学生的数学学习与应用。

(二)数据分析能力

量感作为一种基本的数学素养,涵盖对数量的感知、比较、估计等方面的能力。数据分析是运用统计学方法收集、整理、分析数据,进而揭示事物内在规律的过程。将二者有机结合,可以极大地丰富学生的量感认知,培养其数学思维品质。

首先,数据分析训练有助于提高学生的数据敏感度。通过引导学生观察生活中的数据,如调查小卖部的销售情况、记录一日三餐的营养摄入等,可以让学生意识到数据无处不在,养成敏锐捕捉数据的习惯。

其次,数据分析训练可以提升学生的逻辑思辨能力。在主题探究中,学生需要运用统计学的基本方法,如样本的抽取、数据的分类汇总、结果的图表呈现等,揭示事物的数量特征和变化规律。这个过程不仅能训练学生的计算技能,还能锻炼其分析问题、解决问题的逻辑思维。

再次,数据分析训练有利于拓展学生的量感应用领域。传统的量感教学往往局限于数学课堂,脱离了现实生活情境。而通过"主题式学习",学生可以广泛涉猎自然、社会等领域,运用数据分析的方法探究各种现象。例如,通过分析不同植物的生长状况,学生可以掌握自然规律;通过对比不同地区的人口数据,学生可以认识社会现象。

最后,数据分析训练能够培养学生的批判性思维。在信息时代,学生每天都会接触海量的数据和信息。然而,并非所有的数据都是真实可靠的,有些甚至带有误导性。开展数据分析训练,能够教会学生对数据持审慎态度,养成质疑、求证的意识,避免盲从,提高数据素养。

(三)物理实验设计能力

"主题式学习"能够有效增强小学生的物理实验设计能力。在"主题式学习"中,学生围绕特定的物理主题开展探究活动,通过提出问题、设计实验、收集数据、分析结果等一系列环节,锻炼和提升实验设计能力。

"主题式学习"强调学生的主体地位和自主探究,鼓励学生根据自己的兴趣和疑问设计实验方案,这有助于激发学生的好奇心和求知欲,培养其创新意识和科学精神。在"主题式学习"中,教师应精心设计教学情境,为学生提供丰富的实验材料和设备,营造宽松、民主的学习氛围。教师还要适时给予学生指导和点拨,引导学生明确实验目的,优化实验方案,注重实验过程的规范性和科学性。通过师生互动、生生互动的方式,学生能够在同伴的启发和教师的引导下不断完善自己的实验设计,提高实验操作的熟练程度。

"主题式学习"强调实验设计与实际生活的联系。教师应鼓励学生从生活中发现问题,并运用所学知识设计实验加以验证和解决。这种贴近生活的实验不仅能够激发学生的学习兴趣,还能帮助其建立起物理学与日常生活的联系,体会到物理学习的实用价值。

"主题式学习"中的实验设计往往具有开放性和探索性。"主题式学习"鼓励学生自主设计实验方案,开展创新性探究。在这个过程中,学生需要综合运用已有知识,提出合理假设,选择恰当的实验方法,控制相关变量,并对实验结果进行分析和解释。这些环节不仅能锻炼学生逻辑思维和动手操作的能力,还能培养其批判性思维和创新能力。

三、"主题式学习"对小学生量感思维方式的塑造作用

(一)培养逻辑思维

逻辑思维是一种运用概念、判断、推理等思维形式,按照思维规律去认识事物本质和规律的思维能力。在小学阶段,培养学生的逻辑思维能力对其学习和发展具有重要意义。"主题式学习"为逻辑思维能力的培养提供了良好契机。

"主题式学习"强调学科知识的整合与综合运用,学生在探究主题的过程中,需要运用比较、分析、归纳、演绎等逻辑思维方式,探索事物之间的内在联系,揭示事物的本质和规律。例如,在探究"植物的生长"这一主题时,学生需要通过观察比较不同植物的生长过程,分析影响植物生长的因素,归纳出植物生长的一般规律。这个过程不仅能够锻炼学生的观察力和分析力,还能培养学生运用逻辑思维认识事物的能力。

"主题式学习"为学生提供了运用逻辑思维解决实际问题的平台。在主题探究中,学生经常会遇到一些具有挑战性的问题,需要运用逻辑推理去寻找解决方案。以"节约用水"主题为例,学生通过收集和分析家庭用水数据,发现洗澡用水量最大。要解决这一问题,学生需要运用演绎推理,从节水小窍门中找到合适的解决措施,并加以实践检验。在解决问题的过程中,学生能够有效训练自身的逻

辑思维能力,学会运用逻辑思维指导自己的行动。

(二)培养空间思维

空间思维是指个体在头脑中形成客观事物的视觉表象,并运用这些表象进行思维加工的能力。在小学数学教学中,培养学生的空间思维能力具有重要意义。"主题式学习"作为一种创新的教学模式,有助于学生空间思维能力的培养。

"主题式学习"强调以学生为中心,围绕一个主题开展多学科、多角度的探究活动。在这个过程中,学生需要运用已有的知识和经验,通过观察、操作、想象等方式,构建对事物的空间认知。例如,在学习"图形与几何"主题时,教师可以引导学生观察生活中的各种物体,如房屋、桥梁、家具等,感知它们的形状特征。学生可以动手拼搭、绘制平面图形,亲身体验图形的组合与分解。这些活动不仅能丰富学生的空间表象,还能锻炼他们的动手操作能力和空间想象力。

"主题式学习"注重培养学生的逻辑推理和抽象思维能力。例如,在探究"空间与坐标"主题时,学生需要运用坐标系的知识,确定物体在空间中的位置。这个过程不仅需要学生具备一定的空间想象力,还需要其具备逻辑推理能力。通过分析物体之间的位置关系,学生能够逐步建立起抽象的空间概念,如平行、垂直、相交等。这种从具体到抽象、从感性到理性的学习过程,有助于提高学生的空间思维水平。

"主题式学习"为学生提供了丰富的实践机会,有助于提升其综合运用空间知识解决实际问题的能力。例如,在"生活中的空间"主题探究中,学生可以测量教室的长、宽、高,绘制教室平面图,设计理想的教室布局。这些任务不仅能巩固学生的空间知识,还能培养他们运用知识的意识和能力。学生在实践中不断积累空间经验,能够逐步形成敏锐的空间洞察力和灵活的问题解决能力。

第二节 小学生量感培养主题的选择

一、小学生量感培养主题的选择标准

(一)适龄性

小学生的认知发展水平、生活经验、兴趣爱好都处于不断变化之中。教师在选择量感培养主题时,必须充分考虑学生的年龄特点和发展需求,遵循教育教学规律,做到因材施教、循序渐进。

低年级学生处于具体形象思维阶段,对事物的认知多局限于表面的感性经验。因此,针对他们的量感培养主题应以日常生活为背景,选取贴近学生实际、形象直观的内容,如绘本阅读中的大小比较、游戏活动中的长度测量等。通过生动有趣的学习任务,引导学生在实际操作中感知量的存在,积累量的初步经验。

中年级学生思维逐渐由具体形象向抽象逻辑过渡,已经具备一定的数学概括能力。针对这一阶段的学生,教师可以拓宽主题选择的范围,适度增加数学抽象程度,引入分类、排序、数形结合等较为复杂的量感培养内容。同时,要注重培养学生运用数学语言描述量的能力,发展其逻辑推理能力。

高年级学生抽象逻辑思维已臻成熟,对事物的认知更加全面、深入。教师应积极挖掘数学与其他学科的联系,选择跨学科、综合性的量感培养主题。例如,在探究植物生长规律的主题式学习中渗透函数的思想,引导学生认识事物之间量的关系;在模拟商品交易的主题活动中融入数学建模的方法,培养学生运用数学知识解决实际问题的能力。

量感培养主题应契合学生已有的知识基础和生活经验,在原有认知结构的基础上实现螺旋式上升。主题内容应富于童趣,激发学生的好奇心和求知欲,调动其主动参与的积极性。主题难度应适中,既要体现一定的挑战性,又不能过于复杂而引起学生的畏难情绪。

(二)教学目标匹配

在"主题式学习"中,教学目标不仅是教师教学活动的出发点和归宿,也是学生学习活动的方向标和动力源。选择与教学目标相匹配的量感培养主题,能够保证教学活动的针对性和有效性,实现预期的教学结果。

量感培养涉及学生对量的认知、理解、运用等层面。在选择量感培养主题时,教师需要全面考虑教学活动的知识目标、能力目标和情感态度目标。一方面,所选主题应包含学生需要掌握的量的基本概念、单位换算、计算方法等基础知识;另一方面,主题活动要为学生提供动手实践、合作探究的机会,培养其测量、估算、比较等量感操作技能。教师还要精心设计主题情境,激发学生学习量感知识的兴趣,使其养成重视量、运用量的意识和习惯。

教学目标匹配的量感培养主题需要契合学生的认知发展水平。小学生的逻辑思维能力有了一定发展,但仍依赖于具体的形象和实物。教师在选择主题时,应尽量贴近学生的生活实际,让学生能够在熟悉的情境中感知和理解量的意义。

同时,主题难度应循序渐进,既要激发学生的学习兴趣,又要避免过于抽象晦涩而使学生产生畏难情绪。

新时代的数学课程标准突出对学生数学应用意识和数学实践能力的培养,强调在真实情境中感悟数学的应用价值。教师在选择主题时,应充分挖掘量在日常生活、学习和工作中的应用案例,引导学生在实践中体会量的重要性。例如,可以设计与科学实验、环境保护、节约资源等主题相关的量感培养活动,让学生运用量的知识分析和解决实际问题,提升其数学应用意识。

量感知识与数的认识、图形与空间等数学知识密切相关,也与科学、艺术等学科存在诸多联系。因此,教师应尝试打破学科界限,综合设计跨学科的量感培养主题。这不仅有助于学生形成完整的知识网络,促进其对知识的深度理解和灵活运用,也有利于培养学生的综合能力和素养。

(三)学生兴趣导向

小学生正处于身心发展的关键时期,他们的认知能力、思维方式、情感态度有别于成人。教师在选择量感培养主题时,必须充分考虑学生的兴趣和需求,让教学内容贴近学生生活实际,激发他们的学习动机和探究欲望。

从认知发展角度来看,小学生的思维大多处于具体形象阶段,抽象逻辑思维尚未完全发展成熟。他们更容易接受直观、生动、形象化的教学内容,对枯燥、晦涩的概念和原理则缺乏兴趣。因此,量感培养主题应尽量选择学生日常生活中常见的事物和现象,如身高和体重的测量、时间的计算、面积和体积的估算等。通过将抽象的数学知识与具体的生活情境相结合,学生能够更容易理解和掌握量的概念,提高学习数学的兴趣。

从情感态度角度来看,小学生的好奇心强,求知欲旺盛,喜欢探索未知事物。教师应充分利用这一特点,选择富有挑战性和新奇性的量感培养主题,鼓励学生动手实践、自主探究。例如,设计一个测量校园面积的探究活动,让学生分组合作,小组成员共同设计测量方案,亲自动手丈量、记录数据、计算结果。在这个过程中,学生不仅能够深入理解面积测量的方法,还能体验到合作学习、创新探究的乐趣,培养主动学习的态度。

从学习需求角度来看,小学生的注意力较为分散,自控能力较差,容易对单一、重复的学习内容产生厌倦。因此,量感培养主题应力求多样化,融合不同学科领域的知识,创设丰富多彩的学习情境。例如,在学习质量与密度的关系时,教师可以设计一个"水果沉浮"的探究实验,引导学生观察不同水果在水中的沉浮现象,测量它们的质量和体积,计算密度,并尝试解释其中的科学原理。这样不仅能加深学生对质量与密度概念的理解,还能拓宽他们的科学视野,提高其综合运用知识的能力。

从个体差异角度来看,教师在选择量感培养主题时,应考虑不同学生的个体差异和学习风格。有些学生擅长动手操作,有些学生善于逻辑推理,有些学生喜欢独立思考。教师应针对学生的特点,设计不同层次、不同类型的学习任务,满足不同学生的学习需求。例如,在学习长度测量时,可以为动手能力强的学生提供实际测量的机会,为逻辑思维好的学生设计估算、推理题目,为喜欢独立思考的学生留出自主探究的空间。

二、小学生量感培养主题的选择原则

(一)科学性原则

在设计量感培养活动时,教师必须严格遵循物理学、数学等学科的基本规律和原理,确保所选择的主题内容符合科学性要求。这不仅有助于学生形成正确的科学认知,还有助于培养其科学素养。

科学性原则要求量感培养主题的选择紧密结合小学生的认知发展水平。小学生的思维方式以具体形象为主,抽象逻辑能力尚未完全发展。因此,所选择的量感培养主题应以学生的生活经验和已有知识为基础,通过直观、形象的方式引导学生感知事物的量的特征。例如,在学习长度测量时,教师可以引导学生用身边的直尺、皮尺等工具测量课桌、黑板的长度,通过亲身实践感受长度的含义。而在探索质量概念时,教师可以运用天平、电子秤等测量工具,引导学生通过手举、称重等方式比较不同物体的重量,在实际操作中建立质量感。这些贴近学生生活、符合其认知特点的量感培养活动,不仅能激发学生的学习兴趣,还能帮助其奠定扎实的科学认知基础。

科学性原则要求教师在选择量感培养主题时,充分考虑学科之间的内在联系,合理设计教学内容的序列和递进关系。例如,在学习质量单位"克"时,教师可以引导学生回顾此前所学的千克、毫克等单位,帮助其建立起完整的质量单位体系;在学习面积测量时,教师可以引导学生回顾长度、宽度的概念,探索面积与长度、宽度之间的数量关系,感悟面积公式的意义。这种遵循学科内在逻辑、注重知识间联系的量感培养活动,不仅能帮助学生形成系统完整的知识架构,还能锻炼其学科思维和综合运用能力。

(二)实用性原则

实用性是指所选主题要紧密联系学生的生活实际,能够在日常生活中得到应用和体现。

量感作为一种基本的数学素养,渗透在日常生活的各个方面。在选择培养主题时,教师应着眼于学生的现实需求,挖掘蕴含量感元素的生活情境。例如,在"认识克、千克"的教学中,教师可以引导学生利用天平、电子秤等工具称量生活中常见的物品,如文具、书本、食物等,通过实际操作感知质量单位;在"认识米、厘米"的教学中,学生可以运用直尺测量课桌、课本、文具盒等学习用品的长度,在实践中理解长度单位。通过将抽象的量感知识与具体的生活经验相结合,学生能够更直观地认识量与生活的联系,加深对量感知识的理解和运用。

教师应关注量感知识在其他学科中的应用,拓宽主题选择的视野。量感培养不应局限于数学课堂,而应渗透到语文、科学、美术、音乐等学科领域。例如,在语文阅读教学中,学生可以通过估测文章的字数、段落数来感知数量;在科学实验中,学生可以运用量筒、温度计等测量工具,精确控制实验条件;在美术欣赏中,学生可以用长度单位来描述作品的大小、比例关系;在音乐律动中,学生可以根据节奏感知时间的流逝。通过综合运用量感知识解决不同学科的实际问题,学生能够真切感受到量在生活和学习中的广泛应用,激发学习的内在动机。

教师应创设贴近生活的问题情境,引导学生运用所学知识提出解决方案。例如,在"植树节"主题中,学生要计算种植树苗的数量、测量坑穴的大小,以保证种植的成活率;在"家庭理财"主题中,学生要根据家庭收支情况,合理分配每月的生活开支,并用统计图直观展示收支平衡情况;在"垃圾分类"主题中,学生要估测教室、家庭产生垃圾的数量,并提出减少垃圾的合理化建议。通过解决富有挑战性的现实问题,学生能够深刻认识量感知识的实用价值,提升分析问题和解决问题的能力。

(三)趣味性原则

小学生正处于身心发展的关键时期,好奇心强、求知欲旺盛,对新鲜有趣的事物充满了探索热情。在选择量感培养主题时,教师应充分考虑学生的兴趣爱好,尽可能选取富有趣味性的内容,激发学生主动学习的内在动力。

量感培养主题应与学生的生活实际紧密相连,贴近学生的认知水平和生活经验。例如,可以选取学生日常接触的物品,如文具、玩具等作为测量对象,引导学生动手实践,在游戏化的探索过程中感知量的概念;可以利用节日、季节、天气等学生感兴趣的话题,设计与之相关的量的问题情境,提高学生学习的趣味性和参与度。

量感培养主题应富有想象力和创造性,为学生提供自由探索的空间。单调枯燥的测量练习难以调动学生的积极性,而富有新意的活动方式更能吸引学生主动投入。例如,教师可以组织丈量游戏,让学生扮演测量员的角色,运用自制的测量工具丈量教室、操场等校园场地,在角色体验中感受量的意义;还可以鼓励学生发挥创意,利用生活中的材料制作各种量器,在动手制作的过程中加深对量的理解。

量感培养主题应注重情境化和故事化,以生动有趣的形式呈现量的概念。枯燥的数字和抽象的概念难以引起学生的兴趣,而生动形象的情境和故事更容易激发学生的共鸣和思考。例如,教师可以利用绘本、动画等载体,讲述与量有关的故事,引导学生在情境中感悟量的意义;还可以创设测量任务情境,组织学生测量种子的大小,使学生在完成任务的过程中体验感知量的乐趣。

量感培养主题应融入游戏、歌曲、谜语等活动元素。在轻松愉悦的氛围中,学生更容易放下思维定式,敢于大胆尝试,主动探索量的奥秘。例如,教师可以开展"猜猜我多长"的游戏,让学生运用测量的方法回答各种与长度相关的谜题;还可以引入与量有关的儿歌,使学生在歌声中感受量的节奏和韵律,加深学习印象。

三、小学生量感培养主题的多样性

(一)学科交叉

量感作为一种基本的数学素养,其形成和发展离不开多学科知识的融合与渗透。在设计量感培养主题时,教师应充分考虑不同学科领域的交叉与联系,帮助学生构建完整、系统的知识体系,提升其综合运用知识的能力。

数学学科与其他学科存在天然的联系。例如,在探索物体的长度、面积、体积等量的概念时,学生需要运用观察、测量、记录等科学探究的方法;在认识时间、速度等量时,学生需要了解相关的物理学知识;在学习统计与概率时,学生需要运用收集、整理、分析数据的技能,这与社会学科的研究方法有许多相通之处。因此,在设计量感培养主题时,教师要善于捕捉不同学科的连接点,引导学生跨学科探究问题,培养其知识迁移与应用的能力。

将量感教学与语文、艺术等人文学科相结合,能够激发学生的学习兴趣。例如,在学习长度单位时,教师可以选取诗歌、散文中与长度相关的优美语句,引导学生感悟语言文字中蕴含的数学之美;在探索图形与空间关系时,教师可以引入绘画、雕塑等艺术作品,帮助学生认识艺术创作中的几何原理。这些跨学科的主题情境不仅能够拓宽学生的知识视野,还能培养其发现美、欣赏美的能力,使其在审美体验中感受数学的独特魅力。

学科交叉应建立在学科核心素养的基础之上。在设计跨学科主题时,教师要把握好各学科的主次关系,既要体现数学的特点和优势,又要自然、恰当地融入其他学科元素,形成互补、互促的良性互动。这样,能够真正实现学科交叉的育人价值,帮助学生形成全面、均衡的知识结构和思维品质。

(二)贴近生活实际

生活中处处蕴藏着丰富的数学元素。将量感教学与日常生活结合起来,不仅能够激发学生的学习兴趣,还能帮助他们建立起数学与现实世界的联系,深化对数量关系的理解和认识。例如,在学习长度单位时,教师可以引导学生测量自己的身高、课桌的长度,估算教室的周长。通过亲身实践,学生能够直观地感受不同长度单位之间的关系,加深对数量大小的认知。在学习质量单位时,教师可以带领学生称量常见物品的重量,如苹果、书等,通过实际操作体会克、千克等单位的区别。这种生活化的教学情境不仅能够提高学生的参与度,还能促进知识的内化和迁移。

数学源于生活,也服务于生活。让学生意识到数学在日常生活中无处不在,能够帮助他们树立学习数学的信心和动力。通过引导学生运用所学知识解决生活中的实际问题,如比较物品的价格、计算购物的找零等,能够提高他们分析问题、解决问题的能力,使数学学习更具实效性。在解决生活问题的过程中,学生也能深刻体会到数学的实用价值,增强学习的主动性。

数学思维是一种抽象、逻辑、创新的思维方式,对学生的全面发展具有重要意义。将量感教学融入生活情境,教师可以创设开放性的探究任务,鼓励学生从多角度观察事物,提出问题并尝试解决。例如,在学习面积单位时,教师可以引导学生思考如何测量不规则图形的面积,启发学生探索平方米、平方分米、平方千米之间的换算关系。在这个过程中,学生能够学会从数学的视角分析问题,运用数学思维去认识世界、改造世界。

第三节 "主题式学习"与小学生量感培养的结合策略

一、"主题式学习"与小学生量感培养的关系

从学习内容来看,"主题式学习"强调以学生感兴趣的、与生活密切相关的主题为载体组织教学。量感作为数学素养的重要组成部分,与学生的日常生活有紧密的联系。学生在探究贴近生活的主题时,会接触到诸多量的概念,能够在实践中不断建构和内化。通过将量感培养融入"主题式学习",学生能够在具体情境中深刻感悟量的意义,树立"数学来源于生活又服务于生活"的观念。

从学习方式来看,"主题式学习"倡导学生在实践探究、合作交流中构建知识体系的学习方式。学生在主题探究过程中,需要动手测量、估算、比较、换算不同事物的量,在操作中感知量的多样性、数量关系和变化规律。小组合作探究也为学生提供了交流量感经验的机会。学生在分享和讨论彼此的量感认知时,能够相互印证、补充和修正,加深对量的理解。

从培养目标来看,"主题式学习"旨在帮助学生形成从数学视角认识世界的意识和习惯,这是量感培养的关键。量感训练让学生习惯用量的眼光观察事物,体会量在日常生活中的广泛存在和重要价值,懂得数学、量在解决实际问题中的独特作用。

二、基于"主题式学习"的小学生量感培养活动设计

(一)活动目标设定

科学、合理地设定活动目标,能够为活动的顺利开展提供方向指引,确保活动内容与教学目标相契合,最大限度地发挥"主题式学习"的优势,提升小学生量感培养的针对性和实效性。

1.立足小学生量感发展的规律和特点

量感作为一种综合性的数学素养,其形成和发展是一个循序渐进、日积月累的过程。低年级小学生的量感处于感性认识阶段,对事物的大小、长短等属性缺乏准确的判断力,容易受到直观印象的影响。而高年级小学生的逻辑思维逐渐发

展,能够运用间接测量的方法认识事物的量,初步形成理性的量感。在设定活动目标时,教师要全面考虑学生已有的量感基础,根据不同年级学生的认知特点,提出符合其发展水平的目标要求。

2.体现"主题式学习"的特色

"主题式学习"强调以学生为中心,围绕特定主题开展探究式学习,注重学科知识的综合应用和实践能力的培养。在设计量感培养活动目标时,教师要充分利用主题情境,引导学生在真实的问题情境中感知量的意义,体验量的应用价值。例如,以"我们的校园"为主题,教师可以设定"通过实地测量,掌握校园各主要场所的面积"的活动目标,引导学生运用米、平方米等量的单位测量操场、教室等场所的大小,加深对面积单位的感性认识;以"动物王国"为主题,教师可以设定"通过对比测量,感知不同动物体长的差异"的目标,指导学生运用身边的参照物测量模型或图片中动物的体长,在操作实践中培养准确的量感,加深理解"倍"的意义。

3.重视量感与数学其他知识的关联

量感是小学生学习数学的基础,与数、代数、几何、统计等领域的知识都有密切联系。在制定活动目标时,教师要注意挖掘量感知识的联结点,帮助学生建构完整的数学知识体系。例如,学习统计内容时,教师可以设计"运用统计图表比较各组学生 60 米跑的成绩"的活动目标,引导学生在测量跑步时间、绘制统计图表的过程中感悟秒的意义,理解量的大小与数据分布的关系,综合运用量感和统计知识解决实际问题。

4.为学生预留适度的探索空间

量感的获得需要学生在丰富的实践体验中反复操作、积极思考。教师设定的活动目标应为学生提供自主探索、合作交流的机会,鼓励其大胆猜想、勇于质疑,在同伴互助中共同提高量感水平。教师还要关注学生在活动中的情感体验,创设轻松愉悦的活动氛围,激发学生主动参与的兴趣,使其在潜移默化中形成积极向上的数学学习态度。

(二)活动内容选择

精心挑选的活动内容不仅能够激发学生的兴趣,调动其参与的积极性,还能够帮助学生建立完整、系统的量感知识体系,提升其运用量感知识解决实际问题的能力。教师在选择活动内容时应当遵循科学性、针对性、趣味性和拓展性的原则,实现知识传授与能力培养的有机统一。

1.知识层面

量感培养活动内容的选择应紧扣小学数学课程标准,涵盖长度、面积、体积、质量等量的概念和度量方法。教师可以围绕这些基本概念,设计形式多样的探究活动,引导学生亲身体验测量的过程,加深对量的本质属性的理解。例如,在学习长度测量时,教师可以组织学生使用不同的测量工具,如手指、直尺、卷尺等,测量课桌、黑板、操场等物体的长度,并比较不同测量结果的异同。通过这样的活动,学生不仅能够掌握常见的长度单位及其换算,还能理解测量的意义,体会测量结果与测量工具之间的内在联系。

2.能力层面

量感培养活动内容的选择应注重学生空间想象力、数感、运算能力等数学素养的提升。教师可以创设丰富的问题情境,鼓励学生运用已有的量感知识主动探究、独立思考,在解决问题的过程中不断积累量感经验,提高量感技能。例如,在学习面积测量时,教师可以引导学生思考"如何用最少的正方形瓷砖铺满教室地面?"通过分析问题、提出假设、动手操作、验证结论等环节,学生不仅能够掌握面积的基本概念和计算方法,还能锻炼逻辑推理、动手操作等关键能力,实现量感知识的内化和迁移。

3.兴趣层面

量感培养活动内容的选择应该贴近学生生活实际,富有趣味性和挑战性。教师可以充分利用校内外的教育资源,为学生创设形式新颖、内容丰富的学习情境,激发其学习量感知识的兴趣和热情。例如,教师可以利用节假日组织学生参观超市,引导其观察商品标签上的质量数据,并进行比较和分析;还可以设计量感知识竞赛、知识抢答等游戏活动,在轻松愉悦的氛围中帮助学生巩固、拓展量感知识。这些活动不仅能够活跃课堂气氛,还能帮助学生树立学好量感知识的信心和决心。

4.拓展层面

量感培养活动内容的选择应体现数学文化的内涵,帮助学生认识量感知识的发展历程和应用价值。教师可以适时补充一些与量感知识相关的历史故事、实际应用,拓宽学生的知识视野,加深其对量感知识的文化认同和情感体验。例如,在学习体积测量时,教师可以列举几何体在建筑设计、工程施工等领域的应用实例,帮助学生认识体积知识的实用价值。这些拓展性的活动不仅能够培养学生的人文素养,还能引导其树立正确的量感价值观,激励其成为量感知识的传承者和创新者。

(三)活动实施步骤

在"主题式学习"中,教师需要精心设计每一个教学环节,引导学生在探究过程中主动建构量感知识体系,提升量感素养。活动实施步骤可以分为以下几个阶段。

1.情境导入

教师应创设与学生生活经验相关的问题情境,激发学生的好奇心和探究欲望。例如,在"米"的学习中,教师可以展示各种规格的大米包装袋,引导学生思考"同样重量的大米,为什么包装袋的大小不一样呢?"通过这样的问题,能够调动学生的求知欲,为后续的探究活动奠定良好基础。

2.自主探究

在这个阶段,教师应为学生提供丰富的操作材料和必要的探究工具,鼓励学生通过动手实践、合作交流等方式,主动发现问题、提出假设、验证猜想。以"米"的探究为例,学生可以称量不同品种大米的质量,测量其体积,计算米粒的密度,并通过对比分析,发现不同品种大米的密度差异。在探究过程中,学生不仅能够掌握质量、体积、密度等关键概念,还能锻炼动手操作能力、逻辑思维能力和团队协作能力。

3.拓展应用

量感知识的学习要走向生活。教师应引导学生将所学知识迁移到日常情境中,感受量感在现实世界中的应用价值。例如,学生可以利用所学知识,测算家里各种米桶的容量,并根据家庭人口数量,估算一个月的米量需求。通过生活化的任务设计,学生能够体会到量感知识的实用性,提高学习兴趣和主动性。

4.总结反思

量感知识的形成是一个循序渐进的过程,需要在实践中不断完善和深化。教师应引导学生回顾探究过程,梳理量感知识的逻辑脉络,反思学习方法的得失,并对后续学习提出改进设想。通过总结反思,学生能够系统化地建构量感知识体系,形成科学的学习策略,为未来的量感学习奠定坚实基础。

三、"主题式学习"环境下的小学生量感互动与合作

(一)互动学习活动设计

在"主题式学习"环境下,精心设计互动学习活动不仅能够激发学生的学习兴趣,调动其主动参与的积极性,还能够促进学生在互动中深化对量感知识的理解,提高其综合运用量感能力的水平。

从知识理解的角度来看,互动学习活动为学生提供了亲身体验和动手操作的机会。通过参与测量、估算、比较等互动环节,学生能够更直观地感知长度、质量、容积等量的属性,加深对量感概念的认识。在互动过程中,学生还能够发现量的共性和特点,归纳量的基本性质,构建起系统、完整的量感知识体系。这种在实践中感悟、在交流中提升的学习方式,能够促进学生知识的内化。

从能力培养的角度来看,精心设计的互动学习活动是锻炼学生量感能力的重要途径。在活动中,学生需要运用已有知识解决实际问题,如测量物体的长度、比较物品的重量、估算容器的容积等。这个过程不仅能够锻炼学生的动手操作能力,提高其量感知觉的敏锐性,还能够培养学生分析问题、解决问题的能力。许多互动学习活动都是通过小组合作的形式完成的,这为培养学生的沟通表达、团队协作等关键能力提供了良好的平台。

从情感态度的角度来看,寓教于乐的互动学习活动设计有助于培养学生积极向上的量感情感。在轻松愉悦的氛围中,学生能够真切地感受到学习的快乐,体会到掌握知识、提升能力的成就感。这种宝贵的情感体验不仅能够激发学生学习量感知识的兴趣,还能够引导其形成积极主动的学习态度。久而久之,学生能够树立起学好量感知识的信心,保持对量感学习的持久动力。

(二)合作学习小组设置

科学设置合作学习小组,不仅能够增进学生之间的互动与交流,促进学生量

感知识和技能的内化,还能够培养学生的团队意识和协作精神,为其终身发展奠定基础。

合作学习小组的人员组成应遵循异质性原则。教师应综合考虑学生的年龄、性别、量感基础、学习能力等因素,将具有不同特点的学生组合在一起。这种多元化的小组构成有利于学生之间的互补和促进,使得量感较强的学生能够帮助量感较弱的学生,共同提升。同时,通过与同伴交流,学生能够接触到多样化的思维方式和问题解决策略,拓宽量感学习的视野。

合作学习小组的任务设计应突出开放性和挑战性。教师应根据"主题式学习"的内容,精心设计富有探究价值的小组任务,激发学生运用量感知识解决实际问题的兴趣。任务的难度既应略高于学生的现有量感水平,又不能过于艰深,以保证学生经过努力能够完成。开放性的任务设计给予学生更大的自主权,允许他们基于已有经验提出假设、设计方案、分工合作,在动手实践中感悟量感知识的应用价值,提升量感实践能力。

合作学习小组的过程管理应强调教师的参与引导。教师应适时介入小组活动,提供必要的指导和支持。一方面,教师要明确小组活动的基本规范,如何分工、如何讨论、如何评价等,帮助学生形成有效的合作习惯。另一方面,教师要关注每个小组的进展情况,对遇到困难的小组给予有针对性的指导,启发学生运用量感思维分析问题的症结所在,引导其探索可行的解决方案。教师还应重视学生在合作过程中的表现。量化的成果固然重要,但学生在小组互动中表现出的创新思维、批判质疑、沟通表达、团队协作等高阶能力同样应该得到肯定。多元化的评价维度能够帮助学生全面认识自己在量感学习中的优势和不足,调整学习策略,并从与他人的比较中获得进步的动力。

第四章 基于"主题式学习"的小学生量感培养体系创新

第一节 基于"主题式学习"的小学生量感培养体系构建原则

一、跨学科整合原则

(一)学科间的知识关联

在现代教育理念下,学科知识不再是割裂和孤立的,而是相互联系、相互渗透的有机整体。"主题式学习"正是基于这个理念,打破学科壁垒,实现知识的整合和综合运用。在小学生量感培养过程中,学科间的知识关联发挥着不可替代的作用。

量感作为一种基本的数学素养,并非仅局限于数学学科的范畴。事实上,量感的形成和发展需要多学科知识的支持和融合。例如,在科学领域,学生需要运用数量关系描述物理现象,如测量物体的长度、质量、时间等;在语文学习中,学生需要掌握数量词汇,理解数量关系在语言表达中的应用。通过学科间知识的关联,学生能够从多角度、多层面认识量的概念,并且加深对量感的理解。

"主题式学习"为实现学科间知识的关联提供了有效途径。围绕一个主题,教师可以有机整合数学、语文、科学等学科的相关内容,引导学生探索量在不同领域中的应用。例如,以"生活中的度量"为主题,教师可以设计一系列活动,引导学生在语文课上学习量词,在数学课上认识长度、质量等量的单位,在科学课上动手测量生活用品。学生在主题式探究过程中,能够主动建构不同学科知识之间的联系,领悟量的多样性和普遍性。

学科间的知识关联并非简单的学科内容拼凑,而应基于学生认知规律和学科特点,进行系统的整合与设计。这对教师的专业能力提出了更高要求。教师不仅需要深入研究各学科的课程标准,挖掘知识联系点,同时还要关注学生的已有经验,合理确定教学内容。只有循序渐进、适度整合,才能实现学科间知识的有效关联,切实提升小学生的量感。

此外,学科间的知识关联还有助于促进学生思维的发展。在主题式探究过程中,学生需要运用观察、比较、分析、综合等多种思维方式,在不同学科间进行知识的迁移和应用。这个过程不仅能够拓宽学生的知识视野,还能培养学生灵活运用知识的能力,发展其逻辑思维和创新思维。从这个角度看,学科间的知识关联已经超越了知识本身,并且成为学生思维发展的助推器。

(二)综合性学习活动的设计

综合性学习活动通过对跨学科、跨领域的探究和实践,帮助学生构建完整、系统的知识体系,培养其综合运用知识的能力。在综合性学习活动中,学生需要运用多学科的知识和技能,围绕特定主题开展研究性学习,解决现实情境中的复杂问题。这个过程不仅能够深化学生对知识的理解,还能提升其分析问题、解决问题的能力,同时也能培养其创新意识和实践能力。

设计综合性学习活动时,需要遵循学生的认知发展规律,即根据不同学段、不同年级学生的特点,合理设置学习内容和目标。对于低年级学生,可以设计一些生活化、游戏化的综合实践活动,如"我是小小设计师",让学生运用数学、美术等学科知识,完成服装、建筑等设计任务。随着年级的增长,应逐步拓展综合性学习活动的内容,并且引导学生开展更加复杂、更具有挑战性的探究活动。例如,对于"垃圾分类与环保"主题,学生需要运用科学、社会等多学科知识,调查社区垃圾的分类现状,分析存在的问题,提出改进建议。这些活动不仅能够激发学生的环保意识,更能培养其社会责任感和公民素养。

此外,综合性学习活动的形式既包括课内的主题探究、项目学习,也包括课外的社区服务、研学旅行等。多样化的活动形式能够满足不同学生的兴趣需求,调动其学习的积极性。同时,教师还应根据学生的差异,在活动中提供个性化的指导和支持,如给予学习有困难的学生更多引导和鼓励,为学有余力的学生提供拓展训练的机会。只有切实尊重学生的个体差异,才能使每一名学生都能在综合性学习活动中得到充分发展。

开展综合性学习活动对教师的专业素养提出了更高要求。换言之,教师不仅要具备扎实的学科专业知识,还要对多学科知识有宏观把握,能够引导学生进行跨学科综合探究。同时,教师还要不断更新教育理念,创新教学方式方法,为学生提供开放、民主的学习环境,激发其创造潜能。这就需要教师加强学习与反思,在实践中不断探索综合性学习活动的有效策略,提升组织实施能力。

二、探究导向原则

(一)问题驱动学习

在问题驱动学习中,教师设计富有挑战性的问题情境,引导学生主动探索、积极思考,在解决问题的过程中建构量的知识体系,提升量感素养。

精心设计的问题能够激发学生的好奇心和求知欲,使其产生强烈的学习动机。面对与生活经验相联系的真实问题,学生会产生浓厚的兴趣,并且主动投入到探究过程中。例如,教师可以设计这样一个问题:"小明家的客厅长 6 米,宽 4 米,如果铺设地砖,每平方米需要多少块边长为 30 厘米的地砖?"这个问题来源于生活,又蕴含着丰富的数学知识,能够促使学生积极思考。

以问题为线索的探究过程有利于学生建构关于量的知识体系。在寻求解决方案的过程中,学生需要运用已有的量的知识和经验,通过实践操作、讨论等方式,不断拓展和深化对量的认识。以上述地砖铺设的问题为例,学生需要运用长度、面积等量的知识,通过实际测量、计算、推理等方法,得出所需地砖的数量。这个过程不仅能够巩固学生已有的知识,更能使其建立长度、面积之间的内在联系,形成整合的认知结构。

问题驱动学习强调学生的主体地位。在问题情境中,学生需要独立思考、主动探索,运用多种策略寻求解决方案。这个过程锻炼学生分析问题、解决问题的能力,提升其逻辑思维和创新意识。同时,在小组合作探究中,学生通过交流讨论、分享见解,学会沟通合作,形成积极的人际互动关系。这些宝贵的学习体验对于学生未来的发展具有深远影响。

在解决问题后,教师应引导学生总结思考过程,评价解决方案,反思学习收获。这个环节能够使学生对已有的量的知识体系形成更清晰、更系统的认识,同时也能提升其对学习过程的自我监控和调节能力。

(二)自主探究过程

自主探究强调以学生为中心,鼓励他们主动提出问题,设计探究方案,开展实践操作,从而在体验中建构知识体系、提升能力。这个过程不仅能够激发学生的学习兴趣,培养其探究意识和创新精神,更有助于其形成系统化的学科思维方式和解决问题的实践能力。

自主探究的过程通常包括提出问题、制订计划、实施探究、交流反思等环节。在提出问题环节,教师应引导学生围绕主题,根据已有知识和生活经验,提出有价值、可探究的问题。这不仅能够激发学生的好奇心,调动其探究积极性,更能培养其敏锐的观察力和独立思考的能力。在制订计划环节,学生需要根据探究问题,设计可行的探究方案,明确探究的目标、步骤、方法和所需要的资源。这个过程不仅能够锻炼学生的逻辑思维能力,更能培养其自主学习和规划管理的能力。在实施探究环节,学生可以通过实验、测量、制作等方式收集数据,获取第一手资料。这个环节强调动手实践,注重感性体验,这有助于加深学生对量感知识的理解,提升其动手操作技能。在交流反思环节,学生通过小组讨论、成果展示等形式,分享探究心得,交流思路。这不仅能够促进学生之间的互动与合作,更能帮助学生学会用数学语言表达思想,提升语言组织和沟通表达能力。此外,通过对探究过程的回顾与反思,学生能够梳理知识脉络,调整思路,进一步提升元认知水平和自主学习能力。

为了更好地开展自主探究活动,教师应充分尊重学生的主体地位,为其提供自主探究的时间和空间。一方面,教师要精心设计探究任务,选取与主题相关、与学生生活经验相联系的真实情境,激发学生的探究欲望。另一方面,教师要为学生营造宽松、民主的探究氛围,鼓励其大胆质疑,勇于尝试,并且帮助其克服困难,增强自信心。同时,教师还应根据学生的认知特点和能力水平,提供差异化的指导,从而最大限度地调动每一个学生参与探究的积极性。

(三)总结与反思

总结与反思有助于学生对学习过程进行回顾和梳理,提炼知识要点,加深对学习内容的理解。在探究学习中,学生往往会遇到各种困难和挑战,如实验结果与预期不符、资料收集不全面、小组成员意见不一致等。这时,及时开展总结与反思就显得尤为重要。通过反思,学生能够发现问题的症结所在,分析困难产生的原因,寻找解决问题的方法和策略。这个过程不仅能够帮助学生克服当前的困难,还能够提升其分析问题、解决问题的能力,从而为未来的学习和发展奠定基础。

具体而言,在探究学习的总结与反思中,教师应引导学生围绕以下几个方面展开:一是回顾学习过程,梳理学习脉络。学生要对整个探究过程进行回溯,厘清学习活动的来龙去脉,明确每一步工作的目的和意义。二是提炼知识要点,构建知识体系。学生要对探究过程中获取的信息和知识进行梳理,提取关键概念和原理,将零散的知识点串联成体系。三是评估学习效果,分析存在的问题。学生要对照学习目标,评估自己的收获和不足,找出学习过程中存在的疑惑和困难。四是反思学习策略,优化问题解决策略。学生要总结探究过程中采取的策略和方法,分析其优劣得失,思考如何改进和优化问题解决策略。

值得注意的是,进行总结与反思时,应深入学习过程的细节,触及学习内容的本质。教师要引导学生开展深层次的反思,不仅要问"是什么",更要问"为什么"和"怎么办"。例如,在探究"杠杆原理"的实验中,学生发现实验结果与理论预测不符。这时,教师不应简单地告知学生正确答案,而应引导其深入思考:实验结果为何与预期不一致?是实验操作不当还是理论理解有误?如何改进实验方案以得到正确结果?在这个过程中,学生不仅能够发现并克服自己在认知和操作上的偏差,更能够对所学知识产生更深层次的理解。

此外,教师还应注重培养学生的反思意识和习惯。不应仅仅将总结与反思局限于探究活动结束后,而应将其贯穿于探究学习的全过程。教师要引导学生在探究的每个关键节点进行及时的反思和调整。唯有如此,学生才能养成主动反思、持续改进的良好习惯,并且真正掌握探究学习的精髓。

三、合作学习原则

(一)小组合作

小组合作学习不仅能够增强学生的社会交往能力,培养其团队意识和协作精神,更有助于学生在与他人互动的过程中,加深对量感知识的理解,提升量感实践能力。

1.小组合作为学生提供丰富的交流机会

在小组内部,学生可以对量感主题表达看法、分享经验。这种平等、开放的讨论氛围有利于激发学生的求知欲望,调动其学习积极性。通过与小组成员互动交流,学生能够从多个角度审视量感问题,并且从不同视角认识事物的数量特征,拓宽量感思维。

2.小组合作为量感实践活动创造条件

小组成员可以分工协作,共同完成测量、估算、比较等操作任务。在合作过程中,学生不仅能够相互帮助,取长补短,而且能够通过观察他人的操作、聆听他人的讲解来学习新的量感技能。小组合作产生的协同效应能够极大地提升学生的动手实践能力。

3. 小组合作有利于培养学生元认知能力

在小组互评环节,学生需要评价他人的学习表现,提出改进建议;也要听取他人对自己的评价,进行自我反思。这个过程不仅能够锻炼学生的语言表达和逻辑思辨能力,更能促进其对自身量感学习过程的监控和调节。

4. 小组合作培养学生创新意识

在小组探究活动中,面对开放性的量感问题,学生需要和其他成员一起发散思维、集思广益,提出解决方案。头脑风暴和集体讨论,能够促进学生的创新潜能得到激发,创造性思维得到培养。

5. 小组合作为学生的量感学习提供情感支持

当遇到困难时,小组成员之间可以相互鼓励、共渡难关;当取得进步时,又可以相互赞赏、共享喜悦。良性的合作互动能够增强学生的自信心和成就感,促使其形成积极的量感学习态度。

(二)角色分工与协作

在"主题式学习"模式下,通过明确的角色分工和有效的协作,学生能够更好地参与学习活动,发挥个人特长,提高团队绩效。同时,这个过程也有利于培养学生的责任意识、沟通能力和团队精神,为其未来的学习和发展奠定坚实的基础。

在小组合作中,角色分工是确保任务顺利完成的前提。教师应根据学习任务的性质和要求,为小组成员设置不同的角色,如组长、记录员、报告者等。学生需要在教师的指导下,根据自己的能力特点和兴趣爱好选择适合的角色。这种角色分工不仅能够调动学生的积极性,激发其主动参与的动力,还能促使学生发挥所长,并在担任不同角色的过程中得到锻炼和提升。

确立角色分工后,小组成员之间的协作就显得尤为重要。协作的核心在于沟通和互动。小组成员要围绕共同的学习目标,通过交流讨论、互帮互助,形成合力,共同完成任务。在协作过程中,学生不仅能够分享彼此的知识和经验,还能学会倾听和表达。这些都是培养学生沟通能力和团队意识的宝贵机会。

为了提高协作的效率和质量,教师还应积极引导和督促。一方面,教师要为小组协作创设良好的环境和氛围,并且提供必要的支持和帮助;另一方面,教师要适时参与小组讨论,启发学生思考,维护公平、合理的协作秩序。在教师的引领下,学生能够更好地开展协作,体验合作学习的乐趣,不断成长和进步。

(三)互动与反馈

在基于"主题式学习"的小学生量感培养体系中,应将互动与反馈环节贯穿于整个学习过程,并使其成为学生进行自主探究、深度思考的重要助推器。

通过互动,学生能够充分表达自己的想法,倾听他人的观点,在交流中得到启发和灵感。教师应创设民主、平等、开放的学习氛围,鼓励学生畅所欲言,提出问题,分享见解。同时,教师还要引导学生掌握有效的互动技巧,如倾听、提问、澄清、总结等,以使互动过程更加深入和高效。例如,在探究"生活中的测量"主题时,教师可以组织学生开展小组讨论,让他们分享自己在日常生活中使用测量工具的经验,并相互提问、解答。这种互动不仅能激发学生的学习兴趣,还能帮助他们构建完整的量感知识体系。

及时、准确、具体的反馈能够帮助学生了解自己的优势和不足,调整学习策略,改进学习方法。在合作学习中,反馈既可以来自教师,也可以来自同伴。教师应根据学生的表现和需求,提供个性化的指导和点拨;同时,教师还要营造良好的反馈文化,引导学生学会欣赏他人、肯定自己,用积极的态度看待反馈。例如,在完成一次测量实践任务后,教师可以组织学生进行小组内互评。在这个过程中,学生不仅能够获得有针对性的反馈,更能学会用发展的眼光看待自己和他人。

教师可以利用在线学习平台、移动应用等,为学生搭建便捷、高效的互动与反馈渠道。例如,教师可以在在线学习社区中设置主题讨论区,引导学生针对某个量感问题展开探讨;也可以利用即时通信工具,与学生进行一对一的交流和指导。这些技术手段能够打破时空限制,延伸学习时间和空间,使互动与反馈更加灵活多样。

四、贴近生活原则

(一)生活情境创设

小学生量感培养体系强调将学习内容与学生日常生活紧密结合,以营造贴近真实世界的探究环境。这不仅有助于激发学生的学习兴趣和动机，也有助于培养其运用所学知识解决实际问题的能力。

从认知发展的角度来看，生活情境创设符合小学生的思维特点。皮亚杰的认知发展理论指出，7—11岁的儿童处于具体运算阶段，其思维活动依赖具体的感知和操作经验。通过将抽象的数学概念嵌入熟悉的生活场景中，小学生能够借助直观的感知建立对量的初步认识。例如，在学习长度测量时，教师可以让学生测量课桌、黑板、操场等身边事物的长度，以通过实际操作加深他们对米、分米等单位的理解。

从学习迁移的角度来看，创设生活情境有利于促进知识的内化和应用。根据奥苏伯尔的有意义学习理论，只有当新知识与学习者原有的认知结构产生实质性关联时，才能真正被理解和掌握。生活情境可以帮助学生将新学习的量感知识与已有经验建立联系，形成个人化的理解。同时，在真实情景中应用所学知识能够加深学生对知识的理解，提高解决问题的能力。

此外，创设生活情境还能培养小学生的数学建模意识和能力。数学建模是利用数学语言和方法描述、分析和解决实际问题的过程。在生活化的探究活动中，学生需要提取情境中的关键量信息，运用数学知识建立问题模型，并通过实际操作验证模型的合理性。这个过程不仅锻炼学生的逻辑思维和动手能力，更培养其运用数学视角认识世界、解决问题的意识。

当然，教师在设计生活情境时应注意使其符合小学生的认知水平和兴趣特点。过于复杂或抽象的情境可能超出小学生的理解能力，而缺乏趣味性的情境则难以调动其探究的积极性。因此，教师应深入分析学生已有的生活经验，精心设计富有吸引力和挑战性的探究任务，为学生提供动手实践的机会。

（二）生活化学习资源利用

将日常生活中的事物、现象与所学知识相结合，能够帮助学生建立知识与现实之间的联系，加深对抽象概念的理解和掌握。生活化学习资源的形式多种多样，如实物、图片、视频、案例等。它们生动形象、易于理解，能够有效吸引学生的注意力，调动其学习积极性。

1.教师要转变教学理念，树立"教学做合一"思想

传统的课堂教学往往重知识灌输、轻能力培养，并且忽视学生的主体地位和实践体验。而生活化学习恰恰强调学生的参与和动手实践，并且强调在"做中

学"、在"用中学"。因此,教师要积极创设与生活相联系的问题情境,引导学生动脑筋、动手做,从而在主动探究的过程中获得知识、提升能力。

2.教师要努力提供丰富的生活化学习资源

教师要立足学科特点,紧密联系学生的生活实际,有针对性地选择和开发相关资源。例如,在数学教学中,教师可以利用超市购物、乘坐公交车等日常场景设计问题,引导学生运用数学知识解决实际问题;在语文教学中,教师可以选取学生喜闻乐见的动画片、儿歌等,在潜移默化中培养其语言表达能力和审美情趣。

3.教师要注重生活化学习资源的科学使用

生活化学习资源虽然贴近生活、形象直观,但如果使用不当,也可能产生负面影响,如增加学生的认知负荷、分散学习注意力等。因此,教师要根据教学内容和学生特点,合理选择和使用相关资源,做到适量、适度、适时。同时,教师还要引导学生学会分清主次,不被生活化素材的形式所牵绊,而应始终紧扣学习主题。

4.教师要重视对生活化学习资源的反思和优化

教学是一个不断反思、不断改进的过程。在运用生活化学习资源的过程中,教师要及时评估教学效果,发现并解决存在的问题;要虚心听取学生的意见和建议,并且根据他们的反馈及时调整教学策略。只有在实践中不断总结经验、优化资源,才能真正发挥生活化学习资源的独特功效。

五、循序渐进原则

(一)学习目标分解

教师在设计教学活动时,要将宏大的学习目标细化为具体、可操作的子目标,以使学生能够分步骤、有重点地掌握知识和技能。这个原则不仅有助于提高教学的针对性和实效性,还能够增强学生的学习动机和自信心。

具体而言,分解学习目标时应遵循以下几个步骤:首先,教师要根据课程标准和学生的认知特点,明确整个学习主题的总目标。这个目标应该涵盖知识、能力、情感态度与价值观等多个维度,以体现出学科的核心素养。其次,教师要对总目标进行系统分析,将其拆解为若干个既相对独立又相互关联的子目标。同时,每个子目标都应聚焦知识、能力、情感态度或价值观等的某一方面,以具有针对性和可评价性。再次,教师要合理安排各个子目标的实现顺序,并且既要考虑知识或技能的逻辑递进关系,又要兼顾学生的认知起点和接受能力。通常,教师可以按照从简单到复杂、从感性到理性、从局部到整体的顺序组织子目标。最后,教师要为每个子目标设计相应的教学活动和评价方式,以使学生能够在实践中逐步掌握、内化并迁移相关的知识和能力。

以小学数学"认识时间"的教学为例。可以将该主题的总目标表述为:理解时间的概念,掌握时间的表示方法和计算方法,并能在日常生活中正确使用时间。为了实现这个目标,教师可以将其分解为以下几个子目标:①通过观察生活中的昼夜更替、四季变换等现象,初步感知时间的概念;②认识钟表,学会读写时、分、秒;③理解时间单位的换算关系,如 1 小时＝60 分钟;④学会计算时间间隔,如求某项活动持续的时间;⑤能运用所学知识解决生活中的实际问题,如安排作息时间等。这些子目标从感性认识到理性分析,从概念学习到问题解决,循序渐进,环环相扣。教师可以针对每个子目标开展丰富多样的教学活动,如观察钟表的结构、操作时间转盘、设计日程安排等,引导学生在实践中掌握相关的知识和技能。同时,教师还应设计与子目标相匹配的评价任务,全面考查学生在知识、能力、情感态度等方面的表现,并据此调整后续教学。

学习目标分解使宏大的教学目标变得具体、可感,可为学生的学习提供清晰的路线图和阶梯。通过对目标的层层分解和进行有针对性的设计,学生不仅能够更好地理解和掌握数学知识,还能提升运算能力和问题解决能力。同时,在探索时间奥秘的过程中,学生也能逐步建立时间意识,养成合理安排时间、珍惜时间的好习惯。

从更宏观的角度来看,学习目标分解对于改进主题式教学、提升小学生核心素养具有重要意义。它突破了传统教学中的知识灌输,转而强调目标的多元性和阶段性;它注重从学生的实际出发,循序渐进地组织教学。这种目标驱动的教学模式能够充分调动学生的主动性和积极性,培养其自主学习、合作探究的意识和能力。通过对学习目标的逐级分解,学生不仅能够打下扎实的知识基础,还能形成融会贯通、学以致用的综合能力,从而为未来的学习和发展奠定良好的基础。

(二)阶段性任务设计

在"主题式学习"中,教师根据学生的认知发展水平和学习能力,将整个学习过程划分为若干个阶段,并为每个阶段设定明确的学习目标和任务。这种分阶段、分步骤的学习方式有利于学生在原有知识经验的基础上,循序渐进地掌握新知,逐步提升学习能力,最终实现学习目标。

在阶段性任务设计中,教师需要充分考虑学生的知识基础和学习特点,科学划分学习阶段。每个阶段的任务难度应由浅入深、由易到难,并且任务的设计既要符合学生的认知规律,又要具有适度的挑战性,以激发学生的学习兴趣和探究欲望。同时,不同阶段的学习任务之间要有机衔接,以形成完整的知识体系和能力结构,避免出现断层或重复。

此外,在阶段性任务设计中还应注重理论与实践的结合。在每个学习阶段,教师应为学生创设丰富多样的实践机会,引导其将所学知识运用到实际问题的分析和解决中。通过动手实践,学生能够加深对知识的理解,提高运用知识的能力,培养科学探究和创新的素养。

为了保证阶段性任务的有效实施,教师还需要建立科学的评价与反馈机制。通过对学生学习过程和结果的及时评价,教师可以及时发现学生在每个阶段遇到的困难和问题,有针对性地进行指导和干预,确保学生按照预期目标有序推进学习。同时,恰当的评价与反馈也能够帮助学生客观认识自己的学习状况,增强学习的自信心和主动性。

第二节　基于"主题式学习"的小学生量感培养教材与资源创新

一、小学生量感培养教材的开发与应用

(一)教材内容设计

传统的量感培养教材往往以知识传授为主,内容单一、形式刻板,难以激发学生的学习兴趣和探究热情;而"主题式学习"强调以学生发展为中心,并且要求教师通过设置富有吸引力和挑战性的学习主题,引导学生主动探索、动手实践,在真实的情景中体验量感知识的应用,培养量感素养。因此,在教材内容设计中应立足"主题式学习"理念,遵循小学生认知发展规律,精心设计教学内容和活动,为学生提供丰富多样的量感学习体验。具体而言,在教材内容设计中应把握以下几点。

1.紧扣学习主题,强化内容关联

在每个单元,应选取与主题密切相关、形式多样的学习内容,如故事、游戏、实验、探究等,以使学生在不同形式的活动中深化对主题的理解和感悟。同时,要注重各单元主题之间的关联,如通过主题间的递进、对比、综合等方式,帮助学生构建起完整的量感知识体系。

2.注重趣味性和启发性,激发学习兴趣

由于小学生好奇心强、活泼好动,因此在设计教材内容时应充分考虑其年龄特点和认知特征,努力创设轻松愉悦、富有吸引力的学习情境。例如,可以利用童话故事、儿歌、游戏等小学生喜闻乐见的形式,引入量感知识,激发学生的学习兴趣;也可以设计一些有悬念、有挑战的问题情境,鼓励学生勤于思考、动手探究。

3.强调实践性和操作性,培养动手能力

量感知识源于生活、用于生活,因此在设计教材内容时应注重联系学生生活实际,创设丰富的实践操作机会。可以通过设计测量、估算、比较等多种实践活动,引导学生动手操作,以使其在实际运用中深化对量感知识的理解,提高解决问题的能力。同时,要注意操作活动的针对性和循序渐进性,即从简单到复杂、从单一到综合,以使学生在动手实践中逐步积累量感经验,提升量感素养。

4.培养思维品质,增强数学核心素养

量感是数学学科核心素养的重要组成部分,因此在教材内容设计中应注重培养学生的数学抽象、逻辑推理、空间想象、运算估测等思维品质。可以通过创设数学问题情境,引导学生运用多种思维方式分析问题、解决问题;通过开展小组合作探究,培养学生的沟通交流、团队协作等综合能力;通过数学阅读、数学写作等拓展性学习,帮助学生领略数学文化,感悟数学精神。

5.体现开放性和延展性,促进个性化学习

在教材内容设计中,应为不同层次、不同需求的学生提供个性化的发展空间。注重学习内容的开放性,通过"乐学"和"悟学"相结合的方式,既为基础薄弱的学生提供必要的学习支撑,又为学有余力的学生预留拓展延伸的空间。同时,加强学科内外的联系,通过综合性主题式学习、跨学科项目探究等方式,拓宽学生视

野,培养其创新意识和实践能力。

总之,在基于"主题式学习"的小学生量感培养教材的内容设计中,应立足学生发展需求,把握量感素养培养目标,遵循认知发展规律,精心组织教学内容,通过情境创设、问题设计、实践探究等方式,激发学生的学习兴趣,培养学生的数学思维,促使学生在真实情景中内化量感知识、提升量感素养。这不仅有助于学生形成良好的学习习惯和思维品质,更能为其未来学习和发展奠定坚实基础。

(二)教材编写

在编写基于"主题式学习"的小学生量感培养教材时,需要遵循一定的步骤和原则,以确保教材能够真正服务于创新育人的目标。

首先,教材编写者应当立足学生的认知特点和学习需求,精心设计教学主题。小学生处于认知发展的关键时期,他们的思维方式具有直观性、具体性的特点,并且他们对抽象的数学概念和原理缺乏足够的理解力。因此,在选择教学主题时,编写者要充分考虑学生已有的生活经验和认知基础,围绕他们感兴趣、有兴趣探索的问题设置主题,激发其主动学习的动机。同时,所选主题还应具有一定的综合性和挑战性,并且能够引导学生在探究过程中整合多学科知识,提升分析问题、解决问题的能力。

其次,教材编写者应当遵循从整体到局部、由浅入深的逻辑顺序。"主题式学习"强调以真实情境为载体,引导学生在探究和实践中建构知识体系、提升能力。为了实现这个目标,在教材的编写中应当突出主题的系统性和完整性,以帮助学生形成结构化的知识体系。在具体编写中,可以先从主题的整体背景入手,介绍与主题相关的概念、原理等基础知识,为后续探究奠定认知基础。随后,再引入具体的探究任务或问题情境,引导学生运用所学知识分析材料、得出结论,加深对知识的理解和运用。通过循序渐进的方式,学生能够更好地把握主题式学习的脉络,构建完整、系统的量感知识框架。

再次,在教材编写中应当重视对学生实践能力和创新意识的培养。量感作为一种综合性的数学素养,不仅包含对数量关系的感知和把握,更包含在现实情境中运用数学知识解决问题的能力。因此,在教材编写中,要为学生提供丰富、真实的实践机会,鼓励其动手操作,以便在实践中增强量感。例如,在学习测量单位换算时,教师可以设计购物、烹饪等生活化的情境,引导学生运用测量工具实际测量物品的长度、质量等,从而掌握单位换算的方法。在学习数据分析时,教师可以引导学生通过调查、统计等方式收集真实数据,同时运用图表等方式直观呈现数据特征,进而提升其综合运用数学知识的能力。

最后,在教材编写中还应重视培养学生的创新意识和批判性思维。在信息时代背景下,数学已经深度融入社会生活的方方面面。具备良好量感素养的小学生不仅要掌握扎实的数学知识,更要具备敏锐的洞察力、严密的逻辑思维和勇于创新的精神。因此,在引导学生探究的基础上,还应在教材中设置开放性的任务,鼓励学生提出不同的解决方案,从多角度分析问题,形成批判、创新的思维方式。

(三)教材应用策略

基于"主题式学习"的小学生量感培养教材应用需要教师转变教学理念,创新教学方法,优化教学过程,这样才能真正发挥教材的育人功能。教师应深入研究教材内容,把握教材编写意图,将教材所蕴含的知识体系、能力要求、情感态度与价值观内化为自己的教学思路和教学设计。在备课阶段,教师要根据学情和教学目标灵活处理教材内容。

在教学实施阶段,教师要精心设计教学活动,引导学生主动参与,积极思考,加深对教材知识的理解和掌握。教师可以运用多种教学方法,如探究式学习、合作学习、案例教学等,充分调动学生学习的主动性和积极性。同时,教师还要注重学生能力的培养,为其提供丰富的实践机会,引导学生学以致用,提升综合素养。

评价与反馈是教材应用的重要环节。教师要建立科学的评价体系,运用多元化的评价方式,全面考查学生对教材知识的掌握和应用。评价时不仅要关注结果,更要关注过程,以帮助学生及时发现问题,改进学习策略。教师还要通过交流了解学生对教材的意见和建议,不断优化教材应用策略,提高教学实效。

此外,学校和教育行政部门也要为教材应用创造良好的制度环境。学校要加强教研活动,为教师搭建交流的平台,促进优质教学资源共建共享。学校还要完善教学管理制度,为教师的教材应用提供必要的物质保障和精神鼓励。教育行政部门则要加强教材建设的统筹规划和宏观指导,建立健全教材选用、评估、监管等机制,促进教材质量持续提升。

二、小学生量感培养资源整合与利用

(一)资源整合策略

面对纷繁复杂的教育资源,教师必须树立整合意识,科学规划、合理配置,这样才能最大限度地发挥资源的育人功能,提升量感培养的针对性和有效性。

从课程资源的整合来看,教师应立足小学生身心发展特点和认知规律,优选与量感培养主题相关的课程内容。一方面,教师要系统梳理数学、科学等学科中蕴含的量感培养元素,挖掘其中的教育价值,将其与主题式学习活动有机结合;另一方面,教师还应关注综合实践、劳动技术、艺术等课程的量感培养功能,通过跨学科、跨领域的整合,构建全面、立体的课程资源体系。唯有如此,才能为学生提供丰富、均衡的量感学习经验,促进其量感素养的全面提升。

从教学资源的整合来看,教师应着眼于创设真实、动态的量感学习情境。量感作为一种综合性的数学素养,需要学生在实践探究中去主动感知和思考。因此,教师在进行教学资源整合时,要充分利用校内外的场馆、器材和环境,为学生搭建参与的平台。例如,组织学生走进超市、菜市场等场所,感知商品定价中量的概念;引导学生使用直尺、量杯、天平等工具测量物体的长度、体积和质量,在动手操作中理解量及其计算方法。通过情境创设,学生能够在真实的生活语境中习得量感知识,提升运用能力。

从信息资源的整合来看,教师应积极利用现代信息技术手段,拓宽量感培养的时空边界。在互联网时代,海量的教育信息资源为个性化、泛在化学习提供了可能,因此,教师应引导学生学会甄别和筛选网络信息,锻炼搜索、比较、分析信息的能力。同时,教师还可以依托信息化教学平台,为学生提供丰富的量感学习资源,实现线上线下学习的有机融合。例如,开发设计量感培养主题网站,上传与主题相关的微视频、动画、游戏等资源,供学生课后浏览学习;组织网上专题讨论或测验,引导学生交流量感学习心得。

在量感培养的视域中,进行资源整合时要遵循教育教学规律,围绕培养目标,对各类资源进行优化组合和深度开发。只有精心设计资源、合理配置资源、高效利用资源,才能切实增强量感培养的科学性、针对性和有效性。从长远来看,资源整合对于丰富量感培养形式、创新量感培养模式、拓展量感培养内涵等,都具有不可替代的重要作用。在教育教学实践中,广大教师应不断增强资源整合意识,提升资源整合能力。

(二)资源利用方法

从教学内容选择的角度来看,应立足小学生的认知特点和兴趣爱好,遵循量感培养的内在规律。一方面,教师要善于发掘学生日常生活中蕴含的数学元素,引导其在具体情境中感知数量关系、空间形态等量感基础。例如,在组织学生参观超市时,教师可以设计"估算商品总价"的游戏,让学生在购物情境中体验数的应用。另一方面,教师还应注重挖掘不同学科领域的量感培养资源,推动数学与其他学科的融合。在艺术欣赏课上,教师可以引导学生分析画作中的比例、对称等美学原理。将量感教育融于生活和跨学科情境,可以拓宽学生的数学视野。

从教学过程设计的角度来看,要突出学生的主体地位,注重动手实践、合作探究等学习方式。传统的量感教学往往以教师讲授为主,学生缺乏体验的机会。为了突破这个局限,教师应积极利用操作性资源,通过布置实践任务,为学生创设动手操作、自主探索的空间。例如,在教学长度单位"米"时,教师可以先引导学生估测物体的长度,而后利用直尺、卷尺等工具进行实际测量,并且在对比估测结果与实测数据的过程中,使学生加深对长度概念和测量方法的理解。同时,教师还应鼓励学生通过小组讨论、头脑风暴等方式共同探究量感问题。在交流的过程中,学生能够相互启发,加深理解,提升合作意识和表达能力。

(三)资源整合与共享

基于"主题式学习"的小学生量感培养不仅需要创新性的课堂活动设计和教材开发,还需要建立全方位、多渠道的资源整合与共享机制。

首先,学校应建立量感培养资源的统一管理平台,对各类教学资源进行系统梳理和分类,以便为教师和学生提供便捷的检索和使用服务。通过平台,教师可以及时了解最新的教学资源动态,优化自己的教学设计;学生也能够根据自己的学习需求,自主选择和使用相关资源,实现个性化、自主化的学习。

其次,学校应加强与社会各界的合作,整合校内外的量感培养资源。一方面,学校可以与科研机构、博物馆、科技馆等建立长期合作关系,为学生提供丰富多彩的校外学习机会,拓宽其视野;另一方面,学校还可以使企业、社区等社会力量参与量感培养,如通过举办科普讲座、体验活动等,让学生在真实情景中感悟量感知识的应用价值。这种校内外资源的有机整合能够为学生营造更加开放、立体的量感学习环境。

再次,学校应重视量感培养资源的校际共享和教师培训。建立校际资源共享机制能够实现优质教育资源的互补和流动,并且促进区域内量感培养的均衡发展。同时,学校还应定期组织教师培训和经验交流活动,帮助教师及时更新量感教学理念,使其掌握先进的教学方法和技术手段,并且不断提升教学能力和资源利用水平。

另外,量感培养资源的整合与共享还需要充分发挥信息技术的作用。学校应积极利用大数据、云计算、人工智能等现代信息技术,建立智能化的资源管理和推送机制,为师生提供个性化、精准化的资源服务。例如,通过学习数据分析,系统可以自动识别学生的学习特点和难点,推送与之相匹配的学习资源;利用虚拟现实、增强现实等技术,可以为学生创设身临其境的量感探究情境,提升学习的趣味性和有效性。

第三节 基于"主题式学习"的小学生量感培养活动与平台创新

一、小学生量感培养的课堂活动与实践

(一)课堂活动设计

基于"主题式学习"的课堂活动设计应以学生的需求和兴趣为出发点,充分考虑学生的认知发展水平和学习风格,为其提供多样化、个性化的学习体验。具体而言,教师应深入分析学生的已有知识和技能基础,了解其在量感认知方面存在的困难和误区,进而有针对性地设计教学内容和活动形式。

在教学内容设计上,教师应围绕量感培养这个核心目标,精心挑选具有典型性和启发性的教学案例,引导学生在具体情境中感知事物的量,理解测量的意义和方法。教学内容应涵盖长度、面积、体积、质量等多个方面,并且兼顾基础知识的传授和实践能力的培养。同时,教师还应注重学科内容的整合,以帮助学生建立完整、系统的量感知识体系。

在教学活动形式上,教师应充分发挥学生的主体性,创设探究式、合作式的学习情境,鼓励学生通过动手实践、小组讨论等方式主动构建知识。例如,教师可以设计测量实物的游戏活动,让学生运用不同的测量工具和方法,在实践中感悟测量的原理和技巧。教师还可以组织小组合作学习,引导学生通过分工协作完成测量任务,在交流中共同提升量感素养。这些形式新颖、内容丰富的课堂活动不仅能够激发学生的学习兴趣,调动其探究热情,更有助于培养学生的动手操作能力、逻辑思维能力和团队合作意识。

需要强调的是,课堂活动设计应体现递进性和连贯性。换言之,教师应根据教学内容的难易程度和学生的接受能力,合理安排活动的序列和节奏,避免内容过于零散、活动过于随意的弊端。同时,教师还应通过学生的表现和反馈及时调

整教学策略,不断优化活动方案,以求最大限度地发挥课堂活动的育人功能。

(二)实践活动实施

通过精心设计和组织各类实践活动,教师能够为学生提供丰富多样的量感体验,引导其在具体情境中感知事物的数量特征,加深对量感知识的理解和运用。

1.教师要根据学生的认知特点和课程目标,选择适宜的实践活动内容

实践活动内容应贴近学生的生活实际,富有趣味性和挑战性,能够激发学生的探究欲望。例如,组织学生进行植物种植实验,通过观察并记录植物生长过程中株高、叶片数量等指标的变化,体会量的变化规律;开展"一日生活用水调查"活动,引导学生运用估测、度量等方法统计用水量,并提出节水建议。这些活动不仅能够帮助学生建立量感知识与现实生活的联系,更能培养其动手实践、观察分析的能力。

2.教师要合理把控实践活动的难度和节奏

活动设计应遵循由浅入深、循序渐进的原则。在活动初期,教师可以先引导学生对事物的量进行感性认识,如通过直观比较体验多、少、长、短等概念。随着认知水平的提升,再逐步过渡到间接比较、特定单位度量等较高层次的活动。同时,教师还要注重引导学生在活动中通过小组讨论、合作探究等方式进行交流。

3.教师在实践活动中应注重培养学生的创新意识和批判性思维

量感作为一种重要的数学思维品质,不仅包含对事物数量特征的敏感和把握,更包含质疑、评估、优化的内在要求。因此,教师要鼓励学生在活动中大胆提出自己的见解,对不合理的量进行辨析和修正。例如,在"桌面物品排列"活动中,学生不仅要运用平移、旋转等变换策略调整物品的空间布局,还要学会评判不同方案的优劣,最终选择最佳的摆放方式。类似的开放性问题有助于学生摆脱思维定式,并且提出创新的量感策略。

4.教师在实践活动中应重视家校及社区资源的有效整合

量感作为一种跨学科、跨领域的综合素养,其培养需要多方协同、形成合力。教师应积极与家长、社区志愿者等建立联系,引导学生参与更加多元、更加立体的量感实践。例如,组织亲子购物体验活动,引导学生运用货币知识进行心算或笔算;又如,邀请快递员进课堂,讲解快递费与运送物品重量的对应关系,感受"一分钱一分货"的道理。家校社区的通力配合,能够最大限度拓展学生量感发展的时空边界。

(三)活动效果评估

量感培养活动的效果评估应该是多维度、全方位的,不仅要考查学生对量感知识的掌握程度,更要关注学生量感能力的提升情况。这就要求在进行评估时不能局限于测试题的对错,而应采用多元化的评估方式,全面收集学生在活动中的表现数据。例如,教师可以通过观察学生操作、提问、小组讨论等过程,分析学生对长度、质量等量的认知水平;还可以布置开放性的量感任务,考查学生运用量感知识解决实际问题的能力。同时,学生在活动中展现的学习兴趣、主动性、合作意识等情感、态度因素也应被纳入评估中。唯有建立全维度、多层次的评估内容体系,才能真实、立体地反映学生量感素养的发展状况。

从评估主体来看,量感培养活动的效果评估应该是师生共同参与的互动过程。在传统教学中,评估主要由教师主导完成,学生处于被动地位。这种做法难以调动学生参与评估的积极性,也无法引导学生开展自我评价和反思。而在"主题式学习"中,学生是量感培养活动的主人,因此他们应该成为评估的主体。一方面,教师要引导学生参与评估标准的制定,引导他们思考什么是合理的评判活动效果的维度和指标;另一方面,教师还要营造宽松、平等的评估氛围,鼓励学生大胆表达自己对活动的感受和建议。在教师评价与学生自评、互评的良性互动中,学生的主体意识、批判性思维能力也能得到锻炼和提升。

除了传统的测验、问卷等方式,教师还可以采用情景模拟、实验操作、小组汇报等形式开展评估。情景模拟能够考查学生在真实情景中运用量感知识的能力;实验操作则能直观体现学生对量的认知和测量水平;小组汇报能够展现学生的语言表达、逻辑思辨、团队协作等综合素质。此外,将现代信息技术融入评估过程,利用计算机软件、移动应用等手段记录数据、生成报告,也能有效提高效率、优化评估方式。多种评估形式的创新运用不仅能够拓宽评估的广度和深度,也能激发学生参与评估的兴趣,营造良好的师生互动氛围。

深入推进量感培养活动效果评估,需要广大教育工作者转变教育理念,创新实践模式,将评估真正融入教学的全过程。通过科学设计评估内容、创新评估方式、引导学生参与,构建全方位、多角度,具有开放性和互动性的评估体系,才能真实反映量感培养活动的成效,准确把握学生量感素养发展的规律,并据此完善"主题式学习"的整体方案,不断提升量感培养的针对性和有效性。活动效果评估虽然是量感培养体系创新的最后一个环节,但对整个体系的完善和发展起着关键性的导向作用。在教育教学理论日益丰富、信息技术飞速进步的新时代,不断深化活动效果评估的研究和实践,必将使"主题式学习"在小学生量感培养中焕发新的活力。

二、小学生量感培养互动平台构建

(一)平台功能设计

基于"主题式学习"的小学生量感培养互动平台的功能设计需要充分考虑学生的认知特点和学习需求,为其提供丰富多样、寓教于乐的学习体验。平台应以游戏化、情境化的方式呈现量感知识,引导学生在轻松、愉悦的氛围中探索数量关系,感悟测量方法。

在知识模块的设计上,平台可以围绕长度、质量、容积等基本量设置一系列趣味游戏和挑战任务。例如,通过操作虚拟天平比较物体的重量,通过拖动图形估测面积,通过灌溉植物体验体积的变化等。这些形式新颖、互动性强的学习活动能够调动学生的主动性,帮助其建立直观、生动的量感认知。

同时,平台还要重视对学生实践能力的培养。可以设置虚拟的测量工具,如直尺、量杯、秤等,引导学生动手操作,掌握测量的基本方法和技能。在实践的过程中,学生不仅能够加深对量的理解,更能提升动手操作、观察记录等关键能力。

此外,互动平台还应充分发挥其社交优势,为学生提供交流的机会。例如,设置合作闯关模式,鼓励学生与伙伴一起解决测量难题;开设讨论区,引导学生分享学习心得,探讨量感知识的应用。在与他人互动的过程中,学生能够学会表达自己的想法,倾听不同观点,形成开放、包容的思维品质。

从情感态度的角度来看,量感培养互动平台的功能设计还应注重激发学生的学习兴趣,帮助其树立积极的学习态度。可以通过设置个性化的学习助手,对学生的学习过程给予及时的鼓励和反馈;开展形式多样的量感知识竞赛,表彰优秀学生;定期更新平台内容,不断带给学生新鲜感和挑战感。唯有让学生真正喜欢上学习,才能使量感培养取得实效。

基于"主题式学习"的小学生量感培养互动平台的功能设计要立足学生身心发展特点,遵循量感知识的内在逻辑,在知识传授、能力培养、情感引导等方面形成合力,为学生营造出积极向上、充满乐趣的学习环境。只有不断深化平台功能,创新呈现方式,才能为学生量感素养的提升提供坚实的保障,同时为培养具有扎实量感基础的高素质人才贡献力量。

(二)平台技术实现

基于"主题式学习"的小学生量感培养互动平台需要综合运用计算机科学、教育学、心理学等多学科知识,深入分析小学生的认知特点和学习需求,精心设计平台架构和功能模块,并运用先进的信息技术手段进行开发和优化。

从技术架构上看,互动平台应采用前后端分离的设计模式,以提升系统的灵活性、可维护性和可扩展性。前端应采用响应式布局,支持个人电脑、平板、手机等多种终端设备的访问。同时,要注重用户界面的美观性和友好性,通过形象的视觉元素、简洁的布局、自然的交互方式,为小学生营造一个轻松、愉悦的学习环境。后端则应以微服务架构为基础,将平台功能划分为若干独立的服务模块,并且通过标准化接口实现服务间的通信和协作。这种松耦合的架构有利于提高系统的并发处理能力和容错性,降低各模块之间的依赖关系,并且有助于平台的迭代升级和二次开发。

在功能模块的设计上,互动平台应紧紧围绕"主题式学习"这个核心理念,为小学生提供丰富多样的量感培养资源和实践活动。例如,平台可以设置"趣味问题情境"模块,通过生活化的问题情境激发学生的好奇心,引导其主动思考和探究;开发"动手操作体验"模块,借助增强现实、虚拟现实等技术手段,为学生提供沉浸式的操作体验,加深对量的感性认识;构建"小组协作探究"模块,支持学生开展小组协作学习,在同伴互助、头脑风暴中提升合作能力和创新意识;设计"游戏闯关挑战"模块,将量感知识融入寓教于乐的游戏情境中,调动学生的参与热情。同时,平台还应提供学习过程跟踪、学习效果评估等功能,利用大数据分析技术,为教师提供有针对性的教学决策支持。

在平台的实现技术选型上,可以采用前沿的开源框架和成熟的解决方案。前端开发可以选择主流框架,利用其组件化开发、双向数据绑定等特性,提升开发效率和性能表现。后端开发则可基于微服务框架,充分利用其服务注册发现等机制,简化系统集成和部署流程。在数据存储方面,针对平台产生的海量异构数据,可以采用多种数据库产品,构建高可用、高并发的存储集群。针对音视频等多媒体资源,可以引入对象存储等技术,优化资源的管理和分发效率。

量感培养互动平台的技术实现是一个持续迭代、不断优化的过程。在开发过程中,要高度重视平台的可用性、安全性、性能表现等非功能性需求;要广泛吸纳一线教师和学生的使用反馈,根据实际教学需求动态调整平台功能;此外,还要注重平台的推广应用和运维保障,建立完善的制度体系,为课堂教学创新和小学生创新能力的培养提供坚实的技术支持。只有不断深化技术创新,优化平台性能,才能更好地服务量感培养的教育教学实践,为学生的全面发展提供有力保障。

(三)平台用户体验

精心设计、易于使用、富有吸引力的互动平台能够有效激发学生的学习兴趣,调动其参与积极性,使其在轻松、愉悦的氛围中潜移默化地提升量感素养。为了打造出这样一个高质量的互动平台,设计者必须立足学生的认知特点和需求,遵循人机交互的基本规律,综合运用多种设计策略和技术手段。

在视觉设计方面,互动平台应采用明快、友好的色彩搭配,合理运用图形、图像等视觉元素,营造出轻松、愉悦、充满童趣的界面风格。版面布局要简洁明了,信息层次分明,避免过于繁杂和拥挤,确保学生能够快速定位所需要的内容。同时,设计者还要考虑小学生审美情趣的差异性,提供多套个性化的主题皮肤,以使学生能够根据自己的喜好进行选择和切换。

在交互设计方面,互动平台应遵循简单、直观、一致的原则,并且充分考虑小学生的认知水平和操作能力。导航栏、按钮等关键性功能要突出醒目,并配以生动形象的图标和文字说明,方便学生识别和使用。互动操作要流畅自然,避免出现过于复杂的手势或隐蔽的触发方式。针对小学生自控力较弱、注意力容易分散的特点,平台还应加入任务引导、进度提示、奖励机制等游戏化设计元素,以增强学习过程的趣味性和挑战性。

在内容设计方面,互动平台应围绕量感培养这个核心目标,精心设计丰富多样、寓教于乐的学习资源。例如,开发情境化、故事化的微课程,引导学生在具体情境中理解和应用数量关系;设计形式新颖、内容有趣的游戏化测试,帮助学生掌握数量的估测和比较方法;提供易于操作、种类丰富的数字化工具,支持学生开展数量探索和动手实践。同时,平台还应提供个性化的学习方案指引和智能化的答疑解惑服务,满足不同学生的差异化需求。

互动平台还应考虑学生、教师、家长等不同群体的需求。对于学生而言,平台应成为他们学习量感知识的工具,能够持续吸引他们主动探索、愉快学习。对于教师而言,平台应提供丰富的教学资源库和智能化的教学助手功能,减轻备课压力,提高教学的针对性和实效性。对于家长而言,平台应支持亲子共学、家校互动等功能,方便其参与孩子的量感学习,并及时掌握孩子的学习进展情况。

第五章　基于"主题式学习"的小学生量感培养实践

第一节　数学"主题式学习"中的小学生量感培养

一、数学"主题式学习"的设计要求

(一)目标明确

在教学过程中,数学教师应根据课程标准和学生的实际情况,为每个教学单元设定清晰、具体、可操作的教学目标。这些目标不仅要涵盖学生应掌握的数学知识和技能,更要包括对学生数学思维能力、问题解决能力等数学核心素养的培养。

具体而言,设计教学目标时应该遵循以下几个方面。首先,目标要切合教学内容,紧扣数学主题。教师要深入分析教材,挖掘其中蕴含的数学思想和方法,提炼本单元的重点和难点,据此制定教学目标。其次,目标要符合学生的认知发展水平。教师要充分考虑学生已有的数学知识基础和思维能力,确保目标在学生的"最近发展区"内,既有一定的挑战性,又不会难以达成。再次,目标要体现数学核心素养的要求。新课标提出了数学抽象、逻辑推理、数学建模、直观想象、数据分析等数学学科核心素养。教学目标应契合这些要求,并且引导学生在解决问题的过程中逐步提升数学素养。另外,教学目标还应具有可评价性。目标描述要明确、具体。教师可以参考布鲁姆教育目标分类学等理论,从认知、情感、技能等不同维度设计目标,并提供恰当的评价标准和方法。只有目标明确,教师才能有针对性地开展教学活动,同时学生才能明确学习方向,最终达成预期的学习效果。

数学"主题式学习"强调学生的主动探究和实践应用,这对教师提出了更高要求。换言之,教师不仅要设计知识目标,更要注重过程性目标和情感态度目标的实现。过程性目标关注学生在解决问题过程中体现出的数学思维品质和探究能力,如分析问题的思路是否清晰、论证过程是否严密、方法运用是否灵活等。情感态度目标则着眼于学生在数学学习中表现出的兴趣、信心、意志品质,以及合作交

流、批判质疑的意识。这些目标的实现需要教师在教学过程中给予积极引导和及时反馈，以调动学生学习的积极性。

(二)内容关联

数学"主题式学习"要求在不同的数学知识、概念和思想之间建立有机联系，形成完整、系统的知识网络。这种关联性不仅体现在数学内部，还体现在数学与其他学科以及现实生活之间。

数学内部的关联性意味着教师应当引导学生探寻不同知识点之间的内在逻辑，理解数学概念产生和发展的脉络，把握数学思想方法的共性。例如，在学习函数时，教师可以引导学生回顾已有的数量关系知识，探讨函数这个概念的起源和发展历程，分析其与方程、不等式等知识点的联系，进而感悟变量思想的普遍性。通过这种纵向贯通、横向联结，学生能够构建层次分明、环环相扣的数学知识网络。

将数学知识与学生熟悉的生活情境联系起来，能够增强学习的情境性和意义性，同时帮助学生感受数学的实用价值。例如，教师可以设计与"购物打折"相关的主题，引导学生运用百分数知识解决实际问题；还可以利用"家庭用水量"的真实数据，组织学生进行统计分析和预测。生活化的主题式学习能够使学生在解决现实问题的过程中，体会数学的独特魅力。

(三)学生参与

在传统的数学教学中，学生往往扮演着被动接受知识的角色，缺乏主动探索和创造性思考的机会；而"主题式学习"强调以学生为中心，鼓励其积极参与学习过程，并且成为知识体系建构的主体。这种参与不仅局限于动手操作、观察现象等环节，还包括提出问题、设计方案、分析数据、得出结论等一系列环节。通过全身心投入到数学探究活动中，学生能够真正理解数学概念的内涵，体验数学思维的乐趣，培养独立思考、勇于创新的精神。

为了激发学生的参与热情，教师在设计数学主题时应充分考虑其兴趣特点和认知水平。选取贴近学生生活实际、富有挑战性的主题内容，能够唤起他们内在的学习动机，使其产生探究欲望。同时，教师还要为学生创设自主探索的空间，提供丰富多样的学习资源，鼓励他们大胆尝试、勇于质疑。在这个过程中，教师不再是知识的传授者，而是学习的引导者和合作者。通过与学生平等交流、共同探讨，教师能够及时发现并解决学生学习中遇到的困难,引导其不断反思、优化思路,最终达成预设的学习目标。

小组合作是提高学生参与性的有效途径。在数学"主题式学习"中,学生往往需要与他人协作完成任务。这不仅能够锻炼学生沟通表达、团队协作等社会性技能,更有助于他们在思想碰撞中启发灵感、拓宽思路。通过小组内成员的互帮互学,学生能够共享彼此的智慧和力量,并在合作探究中提升数学素养。同时,小组间的竞争也能激发学生的进取心和责任感,使其更加投入地参与学习活动。

教师应尊重学生的个体差异,包容其不同的想法和做法。面对学生提出的问题或犯下的错误,教师要以开放、平等的心态给予积极回应,引导其自我纠正、不断完善。只有在这种宽松、融洽的氛围中,学生才能敢于表达自己的观点,主动分享学习感悟。久而久之,师生间、生生间就能形成彼此理解、相互欣赏的良好关系。

二、数学"主题式学习"的特点

(一)直观性

数学"主题式学习"强调将抽象的数学概念具体化,使学生能够感知和体验数学的魅力。这种教学方式不仅能够激发学生的学习兴趣,调动其主动性和积极性,还有助于深化学生对数学知识的理解,培养其数学思维能力和创新意识。

在"主题式学习"中,教师需要运用各种直观教具和现代信息技术手段,为学生营造身临其境的学习情境。例如,在学习立体几何时,教师可以利用多媒体技术展示立体图形的三维模型,引导学生从不同角度观察其特点;在学习函数概念时,教师可以借助动态数学软件,通过改变参数动态呈现函数图像的变化过程,帮助学生直观地理解函数的性质。这些形象的呈现方式不仅能够吸引学生的注意力,还能帮助其建立数形结合的思维方式,加深对数学概念的感性认识。

除了利用现代技术手段,"主题式学习"还注重发掘数学与生活实际的联系,并且要求教师引导学生在具体情境中感悟数学的实用价值。例如,在学习统计与概率时,教师可以组织学生开展模拟商场打折促销的游戏活动,让学生体验统计学原理在实际问题中的应用;在学习对称与旋转时,教师可以带领学生欣赏各种对称图形在艺术品中的运用,感受数学之美。通过将数学知识与生活实践相结合,学生不仅能够加深对知识的理解和掌握,还能体会到数学学习的乐趣和意义,从而树立学好数学的信心。

此外,数学"主题式学习"还十分重视动手实践和自主探索。教师应精心设计富有挑战性的数学任务,鼓励学生动脑筋、动手做,在操作的过程中发现问题、分析问题、解决问题。例如,在学习多面体时,教师可以提供各种立体模型材料,引导学生通过拼插、剖分、展开等方式探索多面体的特征;在学习数据分析时,教师可以安排学生分组开展小型调查活动,引导其运用统计学方法收集、整理和分析数据,得出有价值的结论。这些探究性的学习活动不仅能够锻炼学生的动手能力,更能培养其观察、猜想、论证等数学思维品质,引领其逐步掌握数学研究的基本方法。

(二)系统性

数学"主题式学习"的系统性体现在课程设计、教学实施和评价反馈等各个环节的协调配合中。在课程设计层面,数学"主题式学习"要求教师立足数学学科的内在逻辑,围绕核心概念和关键能力,精心设计富有层次性和挑战性的学习任务。这些任务不仅包括基础知识的学习和巩固,还包括数学思想方法的渗透、数学建模能力的培养以及创新意识的激发。通过主题式的课程设计,学生能够深入理解数学知识的脉络,把握数学学科的精髓,从而构建完整、系统的数学知识体系。

在教学实施层面,数学"主题式学习"坚持以学生为中心,注重启发式、探究式教学方法的运用。教师应根据教学主题,设计情境化、开放性的问题情境,引导学生开展小组协作探究,通过观察、实验、猜想、论证等环节,主动建构知识体系。这个过程不仅能够锻炼学生的逻辑推理、运算计算等基本技能,更能培养其分析问题、解决问题的综合能力。学生在探究的过程中,能够体会到数学的魅力,感受到学习的乐趣,这种积极的情感体验将转化为持续学习的内驱力。同时,小组协作探究为生生互动、师生交流提供了平台,有利于培养学生的表达能力、倾听能力和团队意识。

在评价反馈层面,数学"主题式学习"突破了传统的单一化、结果导向的评价模式,建立多元化、过程性的评价体系。评价不再局限于期末考试,而是贯穿于学习的全过程;评估者既要关注学生对知识技能的掌握程度,更要重视学生数学素养的提升。形成性评价、过程性评价等方式的引入既为教师的教学决策提供了依据,也为学生的自主学习提供了反馈。通过评价,学生能够及时发现自己的不足,调整学习策略;教师则能够诊断教学中的问题,改进教学方法。评价成为促进教与学良性互动的纽带,并且促使数学"主题式学习"不断优化和深化。

数学"主题式学习"并非孤立的知识岛,而是与其他学科知识和现实生活紧密相连。在学习过程中,学生需要运用语文、英语等学科的知识,如阅读数学史料。同时,数学知识也为其他学科的学习提供了有力的工具和方法。数学"主题式学习"还注重与学生已有数学经验、不同年级的数学内容相衔接。新的数学知识不是凭空出现的,而是在原有认知的基础上习得的。因此,教师在设计教学方案时,需要充分考虑学生的认知起点,合理把握学习内容的难度和深度,引导学生在原有经验的基础上不断巩固和内化。

(三)实践性

数学"主题式学习"强调学生的参与和动手操作,并且注重知识与现实生活的紧密联系。在学习过程中,学生不再被动接受知识,而是通过主动探究、动手实践来构建自己的数学知识体系。这种学习方式不仅能加深学生对数学概念和原理的理解,还能提高其运用数学知识分析和解决实际问题的能力。

具体而言,数学"主题式学习"的实践性主要体现在以下几个方面。

首先,它注重创设真实情境,以引导学生在具体的情境中感知数学的实际应用价值。教师可以利用多媒体技术,通过视频、动画等形式呈现与主题相关的现实案例,激发学生的兴趣和探究欲望。同时,教师还可以组织学生开展实地考察、调查访问等活动,使他们体验数学在日常生活中的广泛应用。

其次,数学"主题式学习"强调动手操作和体验。在学习过程中,教师要为学生提供充足的操作材料和实践机会,鼓励他们通过动手实践来验证数学原理、探索数学规律。例如,在学习"图形与几何"主题时,教师可以引导学生利用纸、剪刀、尺规等工具,通过剪纸、拼贴、测量等方式,感受平面图形的特征和变换规律。在学习"统计与概率"主题时,教师可以指导学生进行实际的数据收集和整理,并通过绘制统计图表、计算概率等,加深对随机现象的认识。

再次,数学"主题式学习"注重培养学生运用数学知识解决实际问题的能力。在设计教学活动时,教师要精心选取与主题相关的现实问题,引导学生运用所学知识进行分析和解决。例如,在学习"数与代数"主题时,教师可以设计一些与学生生活密切相关的购物、理财等问题情境,引导学生运用方程、不等式等知识进行推理和决策。通过解决一个个具体问题,学生不仅能巩固所学的数学知识,更能提高分析问题、解决问题的能力,同时他们也可以体会到数学的实用价值。

另外,数学"主题式学习"有利于促进知识的综合应用和迁移。现实生活中的问题往往具有综合性和复杂性,而利用单一的数学知识很难完全解决这些问题。数学"主题式学习"通过设计跨章节、跨学科的综合性任务,引导学生整合不同领域的数学知识,形成完整的知识网络。同时,教师还可以通过变换问题情境,引导学生将所学知识迁移到新的领域,提高知识应用的灵活性。

(四)创新性

在传统的数学教学中,学生被动地接受知识,缺乏独立思考和创新探索的机会;而数学"主题式学习"则鼓励学生打破常规,主动发现问题、提出问题,并尝试用多种方法解决问题。在这个过程中,学生的创造力和想象力得到充分激发和培养。

创新性首先体现在学习内容的选择上。数学"主题式学习"要求教师根据学生的兴趣和认知水平,精心设计富有挑战性和开放性的学习主题。这些主题往往来源于生活实践,与学生的真实体验紧密相连。例如,教师可以设计"探索建筑之美"主题,引导学生运用数学知识分析建筑造型、比例和对称之美;可以设计"数学游园会"主题,鼓励学生自主设计数学游戏,在游戏中感受数学的趣味性和实用性。这些创新的主题不仅能够拓宽学生的知识视野,更能激发他们运用数学知识解决实际问题的兴趣。

创新性还体现在学习方式的多元化上。数学"主题式学习"为学生提供了丰富多样的学习方式。例如,在"探索几何世界"的主题式学习中,学生可以通过操作几何模型、绘制几何图形、编程几何动画等方式,直观感受几何图形的特征和变化规律。在"数学建模挑战赛"的主题式学习中,学生可以通过小组协作、头脑风暴、计算机仿真等方式,尝试建立数学模型,以解决现实问题。这些创新的学习方式不仅能够调动学生的多感官参与,还能培养学生的动手能力、团队精神和计算思维能力。

在数学"主题式学习"中,教师不再是知识的权威和传授者,而是学习的组织者、引导者和合作者。教师需要根据学生的特点和需求,创设开放性的学习情境,提供必要的学习资源和方法指导,鼓励学生大胆质疑、勇于尝试。同时,教师还要成为学生创新实践的参与者,并且与学生平等交流、共同探究,在合作互动中不断反思和优化教学。学生则要学会自主规划学习内容、选择学习方法、组织学习活动,在创新实践中不断增强数学学科素养。

三、数学"主题式学习"中的小学生量感培养活动

(一)数学游戏与量感训练

数学游戏是将数学知识融入游戏情境中,让学生在愉悦的氛围中潜移默化地接受数学思想、培养数学能力的一种教学方式。在数学"主题式学习"中,教师应精心设计与主题相关的数学游戏。这些游戏不仅能够激发学生的学习兴趣,调动其主动性和积极性,更能够培养学生的量感意识,提升其量感素养。

量感是数学学习的重要基础,它涉及对物体大小、形状、位置等空间属性的感知和判断,以及对数量多少、变化趋势等数量关系的把握。在数学游戏中,学生需要根据规则操作游戏器材,观察并分析其中包含的数学信息,同时作出相应的判断和决策。这个过程实际上就是对量感的训练和提升。例如,在"估测与比较"游戏中,学生通过目测估算物体的长度、面积、体积等,并通过实际测量进行验证和比较。在这个过程中,学生的空间感知能力、数量感知能力都能得到有效锻炼。

数学游戏还能培养学生的逻辑思维能力和问题解决能力。许多数学游戏具有一定的挑战性,因此学生应运用所学知识,通过推理、演绎、归纳等逻辑思维方式找出问题的解决方案。例如,在"图形变换"游戏中,学生需要按照一定的规则对图形进行平移、旋转、翻折等变换,最终拼组成特定的图案。这个过程不仅锻炼学生的空间想象力,更考验其逻辑推理能力。学生需要根据已知条件,预判每一步操作可能带来的结果,并据此做出最优决策。这种思维方式的养成对于提升学生的数学问题解决能力具有重要意义。

需要注意的是,在设计数学游戏时,教师应充分考虑学生的认知特点和学情差异,确保游戏难度适中,内容丰富多样。由于过于简单的游戏难以调动学生的积极性,而过于复杂的游戏则可能挫伤学生的自信心,因此教师应根据教学目标和学生实际,灵活选取和创设游戏情境,既要让每个学生都有参与的机会,又要为不同层次的学生提供个性化的挑战。只有这样,才能最大限度地发挥数学游戏的育人功能。

(二)数学模型的构建与量感理解

在数学"主题式学习"中,通过引导学生构建数学模型,可以帮助其深入理解

数量关系,发展空间想象力,提升抽象思维能力。数学模型是对现实世界中客观事物的数学化表征,它以数学语言和符号为载体,揭示事物内在的数量关系和空间形式。在构建数学模型的过程中,学生需要运用已有的数学知识和经验,抓住问题的数学本质,探索事物的内在规律。这个过程不仅能加深学生对数学概念和原理的理解,更能培养其分析问题、解决问题的能力。

在小学数学教学中,教师可以创设丰富多样的情境,引导学生构建数学模型。例如,在学习"年龄问题"时,教师可以请学生用数学符号表示自己和家人的年龄关系,并尝试列出方程求解。在这个过程中,学生需要将抽象的年龄关系转化为具体的数学模型,加深对倍数、和等数学概念的理解。在学习"图形的放大与缩小"时,教师可以引导学生利用格点纸或几何软件,通过操作和观察,探索图形变换的规律,并用数学语言描述出来。这种通过实践构建数学模型的过程能够培养学生的动手能力和创新意识,并且使其真正成为学习的主人。

构建数学模型不仅能够提高学生的数学抽象能力,还能培养其数学化眼光和思维品质。在数学建模过程中,学生需要不断地观察、分析、比较、归纳、猜想、验证,这一系列思维活动有助于塑造严谨、缜密的数学思维方式。同时,在建模过程中遇到困难和挫折时,学生还需要发挥想象力和创造力,勇于尝试不同的策略和方法,这对于培养学生的毅力和自信心也具有重要意义。此外,许多数学模型来源于现实生活,并且与其他学科知识密切相关。综合运用多学科知识构建数学模型,能够促使学生构建全面、系统的知识体系,同时提升其综合运用知识的能力。

四、数学"主题式学习"中的小学生量感知识迁移、应用及整合

(一)课内知识迁移

课内知识迁移是指学生在学习新知识时,能够主动调动已有的相关知识和经验,建立新旧知识之间的内在联系,从而加深对新知识的理解和掌握。这个过程不仅有助于学生构建系统、完整的数学知识体系,更能培养其灵活运用知识、举一反三的能力,从而为未来的学习和发展奠定坚实基础。

在数学"主题式学习"中,教师应精心设计教学内容和活动,以便为学生的课内知识迁移创造条件。其一,教师要深入分析教材,明确每个主题的教学目标和重难点,厘清各知识点之间的逻辑关系。其二,教师要有针对性地选择教学案例和素材,力求贴近学生生活实际,激发其学习兴趣。其三,教师还要合理设置问题

情境,引导学生主动思考,鼓励其运用已有知识探索新问题的解决方案。例如,在学习"可能性"时,教师可以设计一系列与学生日常生活相关的问题,如"抛硬币正面朝上的概率是多少""从一副扑克牌中抽出红桃 A 的概率是多少"等,引导学生运用分数、比例等已有知识进行推理和计算。通过这种方式,学生不仅能够加深对"可能性"概念的理解,更能体会数学知识在现实生活中的应用价值。

在课堂教学中,教师还应注重引导学生进行自主探究和合作学习,以促进课内知识的深度迁移。一方面,教师要为学生提供独立思考和动手操作的机会,鼓励其大胆质疑、勇于尝试。通过自主探究,学生能够根据自身认知特点和学习需求,主动建构知识体系,实现个性化发展。另一方面,教师要为学生创设小组合作的平台,引导其在互动中共享见解。在这个过程中,学生不仅能够学习他人的思路和方法,拓宽解题思路,还能在讨论中提升语言表达和逻辑推理能力。例如,在学习"数形结合"这个主题时,教师可以让学生分组完成一个综合性任务,如"设计一个游乐场,要求游乐设施的面积、周长符合特定数量关系"。在完成任务的过程中,学生需要运用代数、几何、计算等多方面知识,通过小组讨论确定方案,并用数学语言进行表述和论证。这种教学方式不仅能够促进不同知识板块的融会贯通,还能培养学生的综合应用能力和协作意识。

(二)课外知识应用

在数学"主题式学习"中,小学生的量感知识迁移不仅局限于课堂内,更需要延伸至课外生活情境中。通过丰富多样的课外实践活动,学生能够更好地将课堂所学量感知识内化为解决实际问题的能力,实现知识的迁移应用。

课外知识应用要求教师精心设计与量感相关的实践任务,引导学生走出课堂,投身于真实情境。例如,教师可以布置测量校园内不同物体长度、面积的作业,让学生运用所学的测量工具使用方法,在实践中加深对长度、面积等量感知识的理解。教师还可以组织学生参观超市,引导其观察商品包装上的质量、容量信息,比较不同商品的性价比,锻炼学生的量感认知和决策能力。通过这些贴近生活的实践活动,学生能够感受到量感知识的实用价值,提高学习兴趣和主动性。

在课外知识应用中,还要注重培养学生发现和解决量感问题的意识和能力。教师应鼓励学生主动观察生活中的量的现象,提出疑问并尝试解决。例如,学生在家中可以测算不同饮料的容量,探索公平分配的方法;在运动场上可以测量球场的长宽尺寸,计算不同跑道长度,设计个性化的体能训练方案。在这个过程中,学生不仅能巩固课堂所学的知识,还能提升分析问题、动手操作、逻辑推理等关键能力。久而久之,学生可以形成一定的量感知识迁移意识,并且能够自觉将量感知识用于不同场景,实现知识的内化。

课外知识应用的关键在于创设开放性的学习情境,给予学生充分的自主探究空间。与课堂教学相比,课外实践活动形式更加灵活多样,并且学生有更多机会根据兴趣特长和认知水平,自主选择学习内容和方式。在这个过程中,教师应为其提供必要的资源和支持,并且营造宽松、愉悦的学习氛围。例如,教师可以引导学生设计测量工具,开展小组竞赛;组织趣味数学竞赛,引入体积、质量等量感知识;开展跨学科项目学习,探究量感知识在不同领域的应用。在开放性学习中,学生的主体地位得以彰显,量感知识迁移能力也能得到充分发展。

(三)跨学科知识整合

在数学学习过程中,学生不仅需要掌握数学知识和技能,还需要学会运用数学思维和方法去认识、理解其他学科领域的问题。这种跨学科的知识整合有助于拓宽学生的知识视野,提升其综合运用知识的能力,最终促进量感素养的形成和发展。

1.引导学生开展跨学科探究

教师应精心设计跨学科探究教学活动——既可以是课堂内的探究活动,也可以是课外的研究性学习。例如,在学习"数据的收集与分析"内容时,教师可以设计一个跨学科的调查活动,引导学生运用数学统计的方法,调查、分析社区居民的饮食习惯,并提出改善建议。在这个过程中,学生不仅能够学会数据处理的方法,更能加深对健康饮食、合理营养的认识,提升生活实践能力。跨学科探究活动能够为学生提供综合运用知识的机会,培养学生全面思考问题的意识和能力。

2.培养学生的创新意识和创新能力

在整合过程中,学生不可避免地会遇到许多复杂的实际问题,单一学科的知识往往难以完全解释和解决这些问题。因此,学生要突破思维定式,从多个学科的视角去分析问题,提出创新性的解决方案。

3.培养学生的评判性思维和论证能力

在整合过程中,学生难免会遇到不同学科知识之间的矛盾和冲突。这就需要学生运用批判性思维,通过论证分析找出问题的关键,权衡利弊,作出理性判断。

例如,在探讨能源问题时,学生一方面要用数学方法测算能源消耗和储量,另一方面要考虑能源开发对环境的影响,权衡经济效益和生态效益。这种思辨和论证的过程有助于培养学生全面、辩证地分析问题的能力。

第二节　地理"主题式学习"中的小学生量感培养

一、地理知识与小学生量感培养的结合点

(一)地理概念的量感理解

地理概念蕴含着丰富的数量关系和空间尺度,学生只有透过现象看本质,洞悉概念背后的数理逻辑,才能真正领会地理学科的精髓。

在小学地理教学中,教师应引导学生关注地理事物的数量特征,认识到许多看似抽象的地理概念都有着具体的量化表征。例如,在讲授降水概念时,教师不仅要讲解降水的形成原因和类型,更要让学生了解降水量的计量单位和数值范围。教师可以引导学生查阅资料,了解不同地区的年降水量,体会几十毫米和几千毫米降水量的巨大差异。通过量化分析,学生能够更加全面和准确地认识地理概念。

教师要引导学生从不同尺度、不同维度来审视地理概念的量感内涵。地理现象具有尺度效应,同一地理概念在不同尺度下可能呈现出迥异的数量特征。例如,城镇人口比重、城市化水平在省级尺度上表现为不同省份城市人口占总人口的比例的差异,而在县级尺度上体现为城乡发展的不平衡。学生只有跳出单一视角,纵览概念在不同尺度下的量化表现,才能构建起完整的认知图景。此外,许多地理概念还包含多个量化维度,如径流量既有水量的度量,也有流速的刻画。教师应指引学生从多角度、多层面来分析概念的量化内涵,拓展学生的思维广度和深度。

量感教育不应局限于数字的罗列和计算,而更要注重培养学生的数理思维和建模能力。教师要鼓励学生运用数学知识分析地理问题,通过构建模型揭示地理现象的量化规律。例如,可以引导学生利用回归分析探究城市人口规模与用地面积的关系,利用缓冲区分析河流对聚落分布的影响。在数学建模的过程中,学生不仅能加深对地理概念内涵的理解,更能锻炼逻辑思辨和创新实践的能力。

(二)地理现象的量感分析

地理现象量感分析能够帮助学生深入理解地理知识,培养量感素养。通过引导学生对地理现象进行量化分析,可以使抽象的地理概念变得更加具体和直观,加深学生对地理规律的认识。

在地理现象量感分析过程中,学生需要运用数学知识和逻辑思维能力,对地理信息进行收集、整理和计算。例如,在学习"降水的地域分布"时,教师可以引导学生利用气象数据,绘制各地区降水量柱状图,并进行比较分析。通过亲自动手处理数据,学生能够直观地感受到不同地区降水量的差异,理解影响降水分布的地理因素。这一过程不仅能够锻炼学生的数据分析能力,也能培养其严谨的科学态度。

地理现象量感分析有助于学生解决实际问题,提高其综合运用地理知识的能力。在分析人口、交通等地理现象时,学生需要综合考虑自然条件、经济发展水平等多方面因素,提出合理的解决方案。这一过程能够促使学生将地理知识与生活实践相结合,提升其分析问题和解决问题的能力。

小学生的认知发展水平有限,对量感的理解还处于初步阶段。因此,在进行地理现象量感分析时,教师应选择贴近学生生活、易于理解的素材,循序渐进地引导学生开展分析。同时,教师应创设生动有趣的教学情境,激发学生的探究兴趣,调动其主动分析问题的积极性。

在信息技术飞速发展的今天,地理信息系统、虚拟现实等技术为地理现象量感分析提供了新的途径和手段。教师可以利用这些技术手段,为学生创设逼真的地理环境,使其身临其境地感受地理现象的量化特征。例如,利用地理信息系统技术绘制各地区人口密度分布图,学生可以直观地比较不同地区人口分布的差异,分析其背后的地理原因。这种沉浸式的学习体验,能够有效促进学生地理量感的形成和发展。

将地理现象量感分析融入小学地理教学,能够促进学生深入理解地理知识,提高其分析问题和解决问题的综合能力,培养其科学的地理思维方式。教师应立足学生认知特点,创新教学方式方法,引导学生开展地理现象的量化分析和探究,不断提升地理量感素养,为未来的全面发展打下良好基础。

二、地理实践活动中的小学生量感训练

(一)实地考察中的量感体验

实地考察活动为学生的量感培养提供了真实、生动的情境。在考察过程中，学生能够直接感知和测量各种地理事物，获得第一手的量化数据。例如，在测量河流流速时，学生需要在实地选择合适的测量点，利用流速仪等专业仪器进行多次测量，并计算平均流速。这一过程不仅能够训练学生使用量具的技能，更能培养他们对距离、时间等物理量的直观感受力。通过亲身实践，学生能够切身体会到不同数量级之间的差异，加深对数量关系的理解。

除了基本的测量活动，实地考察还能引导学生开展定量描述和分析。面对复杂多变的地理环境，学生需要运用所学知识和方法，选取合适的指标对其进行刻画。例如，在土地利用现状调查中，学生可以测算不同类型土地的面积，计算其占总面积的比例，绘制土地利用结构饼状图等。在这个过程中，学生不仅能够学会收集和处理数据的方法，更能培养运用量化思维分析问题的意识和能力。通过定量分析，学生能够揭示事物的数量特征和内在规律，加深对地理现象的理解和认识。

实地考察为学生提供了开展测量探究的机会。面对地理环境中的问题，学生可以提出自己的假设，设计测量方案，开展野外实验。这种探究性实践不仅能够培养学生的科学思维和创新意识，更能锻炼他们运用测量方法解决实际问题的能力。通过探究，学生能够主动建构量感知识体系，提升量化分析的水平。

(二)地理实验中的量感应用

通过精心设计实验活动，学生能够在亲身实践中感受地理事物的数量特征，建立起对地理现象的量化认知。

在实验过程中，学生需要运用各种测量工具，如量角器、指南针、测距仪等，去精确测定地理事物的长度、面积、角度、坐标等数据。这一环节不仅能够锻炼学生的动手操作能力，更能培养其严谨细致的科学态度。通过反复测量、记录数据，能够使学生逐渐意识到精确量化的重要性，树立起科学的量感意识。

地理实验为学生提供了综合运用数学知识解决实际问题的机会。在分析实验数据时，学生需要借助统计学、几何学等数学工具，去计算平均值、标准差，绘制

统计图表,推导函数关系。这一过程不仅能够巩固学生的数学基础,更能培养其逻辑思维和抽象思维能力。学生在不断的实践中可以体会到数学知识的实用价值,加深对量化思维的理解和运用。

许多地理实验涉及不同地理量之间的换算和转化。例如,在绘制地形剖面图时,学生需要根据比例尺将实际距离转化为图上距离;在分析流域面积时,需要利用网格法将不规则面积转化为方格数量。这些换算和转化的练习,能够进一步强化学生的量感,使其学会在不同地理量之间自如转换,形成一种灵活的数量思维方式。

通过地理信息系统软件,学生能够快速提取、分析海量的地理数据,绘制出专业的统计图表和空间分布图。这不仅能够提高实验效率,更能让学生感受到现代科技与传统地理实验的完美结合。在数字化的实验环境中,量感培养变得更加直观、高效和全面。

三、地理图表的量感解读

地图、统计图、示意图等多种形式的地理图表,以直观、生动的方式呈现空间分布规律、数量变化趋势等抽象信息,有助于学生建立起对地理事物的整体认知和宏观把握。

小学生正处于从具体形象思维向抽象逻辑思维过渡的关键时期,对数字和符号的理解能力有限。地理图表通过视觉化的表达,将枯燥的数据转化为易于感知的图像,使学生能够更好地理解数量关系和空间分布情况。例如,在学习人口分布时,教师可以展示不同地区人口数量的统计图。通过对比不同柱形或扇形的长度、大小,学生能够直观地感受人口在空间上的差异分布,加深对人口分布不均衡特征的印象。

地理图表能培养学生的比例尺意识和方向感。比例尺是理解地图的关键,它反映了图上距离与实际距离的缩放关系。通过观察比例尺的变化,学生可以认识到同一区域在不同比例尺地图上的差异表现,培养其对空间尺度的敏感性。在使用地图时,学生需要不断辨别方向、确定位置,这一过程有助于锻炼其空间定位和方向判断能力。学习地理图表能够帮助学生逐步建立起对空间的整体感知,提升量感水平。

在使用地理图表进行教学时,教师应注重引导学生主动探索、提出问题,鼓励学生观察图表细节,发现数据之间的联系和规律。例如,在分析气温曲线图时,教师可以提问:"从图中可以看出哪些地方气温较高?不同季节的气温有何变化?"

通过这些问题,引导学生阅读图表、提取信息,启发其主动思考的意识。

在教学中,教师应创设生活化情境,引导学生将图表所学运用到实际问题的分析中。例如,在学习等高线地形图时,教师可以设计一个攀爬野外陡峭山峰的任务:如何选择最优路线到达目的地?学生需要综合分析地形特征、坡度变化等因素,合理规划路线。在解决实际问题的过程中,学生能够真切感受到地理图表的价值,学会灵活运用图表分析问题。这有利于拓宽学生的地理视野,提高其解决问题的能力。

四、地理问题解决中的量感应用

(一)地理问题的量感识别

学生学习地理时要能够敏锐地捕捉地理现象中蕴含的数量关系,并运用数学思维和空间想象力对其进行分析和理解。这一过程不仅有助于学生建立完整、系统的地理知识体系,更能培养其分析问题、解决问题的关键能力。

量感识别的首要任务是引导学生关注地理事物的数量特征。在日常生活和学习中,学生往往容易被地理现象的表象所吸引,而忽视其内在的数量规律。因此,教师需要通过恰当的问题设计和课堂活动,提升学生对数量的敏感度。例如,在学习人口分布时,教师可以引导学生思考:不同地区的人口数量有何差异?人口密度与哪些地理要素相关?人口增长率如何变化?通过这些问题,学生能够意识到人口分布背后的数量特征,为进一步分析奠定基础。

在识别数量特征的基础上,教师还应指导学生运用数学工具和方法对地理数据进行处理和分析。图表、统计指标、函数关系等都是理解地理量感的重要手段。例如,学习城市化水平,通过计算城市人口占总人口的比例,学生能够直观地感受到不同地区城市化水平的差异。利用散点图探究城市化水平与人均 GDP 的关系,有助于学生发现两者之间的量化联系,加深对城市化过程的理解。在这个过程中,学生的数学逻辑思维和抽象能力得到充分训练,为其未来的学习和发展奠定了坚实基础。

量感识别要求学生能够将数量分析与空间思维相结合。地理事物在空间上的分布和演变往往蕴含着深刻的数量规律。通过空间想象和分析,学生能够更全面、更立体地认识地理问题的量感。例如,在学习城市空间结构时,学生需要在头脑中构建起城市不同功能区的空间布局,并分析其用地面积、建筑密度、交通流量等数量要素。这种将数量与空间相融合的思维方式,不仅有助于学生理解城市地理的一般规律,更能培养其宏观把握和综合分析的能力。

教师应针对不同地理主题,设计符合学生认知特点的量感培养活动。同时,要注重引导学生将课堂所学运用到实践中去,鼓励其利用数量思维分析身边的地理问题。例如,学生可以尝试对校园内的地理事物进行调查和测量,如绿地率、道路长度、建筑高度等,在实践中强化量感意识。

(二)量感在地理决策中的应用

量感作为一种敏锐捕捉事物数量关系的思维品质,能够帮助决策者从纷繁复杂的地理信息中提炼出关键的量化指标,并运用数学模型和统计方法进行分析预测,从而作出科学、合理的决策。

量感能够引导决策者准确把握地理事物的数量特征。地理现象往往具有一定的数量规律,如人口分布、经济布局、资源禀赋等,都与一定的数量指标密切相关。拥有良好量感的决策者能够敏锐地觉察这些数量特征,并运用数据分析工具揭示其内在规律,为决策提供坚实的事实基础。

量感有助于决策者建立数学模型,模拟地理事物的演变趋势。许多地理决策问题涉及复杂的系统动力学过程,如城市扩张、生态演替、灾害演化等。运用量感思维,决策者能够抽象出关键变量,构建数学模型,并通过计算机仿真模拟事物的动态变化,预测未来走势,从而作出前瞻性决策。

量感能够提升决策者的空间分析能力。地理事物在空间上往往呈现出一定的分布模式和关联结构,如"中心—外围"模式、网络结构等。量感敏锐的决策者能够运用地理信息系统等空间分析工具,计算空间对象之间的距离、方向、拓扑关系等量化指标,揭示事物的空间规律,优化区位选择和布局决策。

量感能够帮助决策者进行多准则评估和权衡取舍。地理决策往往需要综合考虑多个目标和约束条件,如经济效益、社会公平、生态保护等。运用量感思维,决策者能够对不同准则进行量化打分,确定其相对重要性,并通过加权求和等方法进行综合评判,权衡利弊得失,选择最优决策方案。

各种不确定因素(如自然灾害、市场波动等)都会影响决策的结果。量感敏锐的决策者能够运用概率统计方法,评估风险事件的发生概率和影响程度,并采取相应的风险规避或控制措施,提高决策的稳健性和可靠性。量感思维贯穿地理决策的全过程,体现在数据分析、模型构建、空间分析、多准则评估、风险管理等环节。培养学生的量感素养,掌握数理统计和空间分析等量化工具,对于提高其地理决策能力、培养其全面的地理素养具有重要意义。教师应注重在教学中融入量感培养,设计富于挑战性的任务情境,引导学生运用量化思维分析地理问题,并鼓励其尝试多种解决方案,激发创新潜能。将量感内化为学生的地理思维习惯和必备素养,能够真正提升其分析问题、解决问题的综合能力,为其未来参与地理实践和决策奠定坚实基础。

第三节　艺术"主题式学习"中的小学生量感培养

一、艺术"主题式学习"的特点与优势

(一)学习方式的多样化

在艺术学习过程中,学生可以通过视觉、听觉、触觉等感官渠道感知和体验量的变化。绘画、手工、音乐等艺术门类为学生提供了丰富的量感体验情境。在绘画活动中,学生需要掌握各种绘画工具的使用方法,熟悉不同颜料的稀释比例,感知色彩的明暗、冷暖变化,体会线条的粗细、疏密对画面的影响。在手工制作中,学生需要根据设计图纸准确测量各种材料的尺寸、比例,并在实际操作中控制材料用量。在音乐学习中,学生需要通过聆听和演奏,感受音高、音量、节奏等元素的变化,理解音乐中蕴含的数学规律。

艺术"主题式学习"创设了开放性探究的空间。教师可以引导学生围绕艺术主题开展观察、讨论、动手实践等活动,激发他们主动探究量的意识。例如,学生在欣赏抽象画时,教师可以提出"画面中的几何图形面积各占多大比例""色块的面积与其色彩饱和度有何关联"等问题。这些问题能够引导学生关注画面构图中的量的关系。教师还可以鼓励学生尝试用不同材料、不同比例创作抽象画,在反复实践中加深对量的理解。这种由浅入深、循序渐进的探究过程,既尊重学生的主体性,又充分发挥教师的引导作用。

艺术"主题式学习"是与学科知识、审美体验紧密结合的综合性学习。在量感培养方面,艺术学习涉及测量、比例、数量关系等数学知识,这些知识与艺术赏析、艺术创作有机融合。学生在运用数学知识分析艺术作品时,能够感悟数学的实际应用价值;在进行艺术创作时,能够学以致用,内化和深化所学的数学知识。审美体验也是量感培养不可或缺的维度。优秀的艺术作品往往蕴含精妙的比例关系,

给人以均衡、和谐、节奏感。引导学生体会作品的审美特质,能够帮助他们从感性层面认识量的意义,提升量感。

艺术"主题式学习"通过多样化的学习方式,拓展学生量感培养的途径。学生在主动探究、亲身实践和审美体验中理解量的概念,提升量感。这个过程融合数学、艺术、心理学等多学科视角,体现学科融合的理念。在当前推进素质教育、强调创新能力培养的背景下,充分发掘艺术学习的量感培养功能,对于学生全面发展和终身发展具有重要意义。

(二)创造性思维的培养

在艺术学习过程中,学生需要运用想象力和创造力,通过多种感官体验和思维方式,探索事物的内在规律和美学价值。这个过程不仅能够激发学生的好奇心和探究欲,还能培养其敏锐的观察力、灵活的思维能力和独特的审美情趣。

艺术创作是培养创造性思维的重要方式。在绘画、手工、音乐等艺术活动中,学生需要打破常规思维定式,从多角度、多层次认识事物,并运用独特的表现方式呈现自己的理解和感悟。例如,在绘画创作中,学生可以尝试使用不同的色彩搭配、构图方式来表现同一主题,在这个过程中,他们的想象力和创造力能够得到充分发挥;在音乐创作中,学生可以尝试不同的旋律、节奏、和声,探索声音的无限可能,激发创新意识和音乐潜能。

"主题式学习"为培养创造性思维提供了广阔空间。"主题式学习"强调以学生为中心,围绕特定主题开展探究性学习。在这个过程中,教师更多地扮演引导者和协助者的角色,为学生提供丰富的学习资源和探究线索,鼓励其自主提出问题、设计方案、分析论证。这种开放性的学习方式有利于培养学生的发散性思维和批判性思维,使其能够从多个角度分析问题,提出创新性解决方案。

(三)视觉与触觉的结合

视觉作为人类获取外部信息的主要渠道,能够直观地感知事物的形状、大小、颜色等特征。触觉则通过皮肤与物体的直接接触,获得关于物体质地、硬度、温度等方面的信息。在艺术学习过程中,视觉与触觉的结合能够帮助学生建立完整、立体的认知图式,加深对物体内在属性的理解。

在绘画、雕塑等视觉艺术活动中,学生不仅要观察对象的外部形态,还要通过触摸感受其表面纹理和材质特点。这种多感官的体验能够激发学生的想象力和创造力，帮助其更好地把握物象之间的比例关系和空间结构。例如，在素描写生时，学生通过触摸物体表面，能够更准确地把握其光影变化和质感表现，进而在画面中创造出富有立体感和真实感的形象。

在手工制作等触觉艺术活动中，视觉与触觉的融合更为直接和紧密。学生需要根据设计图样选择合适的材料，运用双手进行切割、粘贴、组装等操作。在这个过程中，视觉负责对比例、对称等形式美感进行把控，触觉则负责对材料属性和加工工艺进行判断。两种感官的相互配合，使得学生能够更好地将设计理念转化为实物作品，提升其动手操作能力和审美意识。

视觉与触觉的结合还有助于培养学生的空间思维能力和逻辑推理能力。在立体构成练习中，学生需要通过视觉观察和触觉探索，分析物体的结构特点，并运用点、线、面等基本元素进行重组和创造。这种由具象到抽象、由感性到理性的思维过程，不仅能够提高学生的空间想象力，还能锻炼其逻辑分析和问题解决能力。

二、艺术知识与小学生量感培养的结合点

(一)色彩与形状感知

色彩作为视觉艺术的基本元素，其明度、纯度、色相等属性蕴含着丰富的量的信息。学生通过观察色彩的变化，感受色彩的冷暖、轻重、远近等，能够建立起对量的直观认知。在色彩的对比和搭配中，学生还能体会到比例、均衡、节奏等量感原理的妙用。

形状是物象的外在轮廓，其大小、方圆、曲直、疏密等特征饱含量的韵律。学生在观察形状的过程中，能够捕捉到它们在尺寸、比例上的差异，加深对量的理解。通过对形状进行分割、组合、变形等探索，学生的空间感和结构感也能得到有效训练，为深层次的量感培养奠定基础。

在艺术"主题式学习"中，色彩与形状的感知是相辅相成、密不可分的。教师可以引导学生将二者结合起来，在色彩与形状的交织中感受量的变化与统一。例如，通过观察大自然中色彩和形状的搭配，如花卉、树叶、蝴蝶翅膀等，学生能够体会到数量、比例、对称等量感元素的完美呈现，领悟自然和谐之美的奥秘。教师还可以设计一些创造性的艺术实践活动，让学生在亲身体验中强化量感认知。例如，学生可以用不同色彩和形状的纸片进行拼贴创作，在构图过程中体会空间分割、力度平衡等原理；学生可以尝试用线条勾勒物象轮廓，在纵横交错中感受方

向、长度、疏密等量的要素。这些活动不仅能激发学生的创造力,还能使其在潜移默化中内化量感经验,提升审美素养。

(二)空间与比例理解

空间是指物体所占据的位置以及物体之间的距离关系。在艺术作品中,空间可以是二维平面上的,也可以是三维立体的。无论是绘画、雕塑还是建筑,艺术家都需要运用空间关系来构建作品的整体结构与布局。通过对空间的把握与安排,艺术家能够创造出具有层次感和纵深感的视觉效果,引导观者的视线流动,传达特定的情感和意境。

比例是指不同事物之间在大小、数量等方面的相对关系。在艺术创作中,比例的运用直接影响作品的和谐性与真实性。一个精心设计的比例能够使作品各部分之间达到平衡统一,给人以舒适自然之感。如果比例失当,就会造成视觉上的不协调,破坏作品的完整性。恰当的比例还能够强化艺术作品所要表达的主题。例如,通过夸大或缩小特定对象的比例,艺术家可以突出其重要性或渺小感,引发观者的情感共鸣。

在艺术"主题式学习"中,教师应采用多种教学策略帮助学生理解空间与比例的奥秘。首先,教师可以借助具体的艺术作品进行示范讲解。通过分析名家作品中的空间处理和比例安排,学生能够直观地感受到这两个要素的巧妙运用。其次,教师可以设计一些操作性强的创作练习,引导学生在实践中探索空间与比例的规律。例如,让学生尝试用不同的构图方式表现同一主题,或者改变画面中物象的比例关系,观察其造成的视觉效果变化。在这个过程中,学生不仅能够加深对理论知识的理解,还能提升自己的创作技巧和审美能力。另外,教师可以精选一些体现空间感和比例美的经典作品,引导学生从不同角度去赏析它们的艺术魅力。例如,教师可以让学生分析作品的构图布局、色彩层次、主次关系等,揭示其中蕴含的空间规律和比例思想。通过对优秀作品的鉴赏与品评,学生能够拓宽艺术视野,提升审美品位,为日后的艺术创作积累丰富的素材和灵感。

三、艺术活动中的量感概念引导

(一)手工制作中的量感体验

通过亲身参与制作过程,学生能够直观地感受不同材料的质地、重量、形态等属性,建立起对量的直觉认知。例如,在制作泥塑作品时,学生需要掌控泥土的用量,以塑造出恰到好处的形体。在这个过程中,学生能够学会根据作品的大小和结构需要调整泥土的分配,体会到量与整体效果的关系。

在手工制作中获得量感体验,能够锻炼学生的动手操作能力和审美意识。当学生试图将头脑中的创意付诸实践时,必须考虑如何将抽象的量化概念转化为具体的操作步骤。例如,为了制作一个对称的图案,学生需要掌握对折、平分等操作技能,并准确控制每一步的尺寸和位置。在反复的尝试和修正中,学生能够逐步体会到数量关系背后蕴含的数学原理,领悟精确度量的重要性。手工制作过程是一个不断优化设计、追求美感的过程。学生通过调整作品的比例、对称、平衡等要素,能够直观体验这些视觉元素背后的量化关系,提升自己的审美认知能力。

手工制作中的量感体验能培养学生的创新意识和问题解决能力。在制作过程中,学生往往会遇到材料不足、结构失衡等困难。为了解决这些问题,他们需要灵活运用已有的量感经验,通过调整材料用量、优化结构设计等方式来克服困难,完成作品。这个过程能够激发学生的创新思维,锻炼他们运用知识解决实际问题的能力。例如,当学生发现手中的材料无法满足作品需要时,他们可能会尝试以新颖的方式进行材料的替代和组合,从而创造出独具特色的手工艺品。整个过程充分调动了学生的想象力和创造力,使他们在动手实践中收获了宝贵的创新体验。

手工制作活动中的量感体验具有很强的综合性,能够有效连接数学、艺术、科学等学科领域的知识。例如,在制作风筝的过程中,学生不仅要掌握风筝各部件的尺寸比例,还需要理解风筝飞行的空气动力学原理,并运用美学原则进行装饰设计。多学科知识的交叉融合,使学生获得更加立体、完整的量感认知,深化他们对量化思维的理解。

(二)绘画活动中的量感认知

在绘画过程中,学生需要对物体的形状、大小、比例等进行细致观察,并通过手部动作将其表现在画面上。这个过程不仅能够锻炼学生的视觉感知能力,也能促使学生建立起视觉信息与动作表征之间的联系,加深对量的理解。

在绘画中,学生需要掌握基本的透视原理,如近大远小、平行线汇聚等,这些都与空间量感密切相关。通过绘画练习,学生能够逐步理解并内化这些原理,从而更准确地把握物体的空间关系和比例。绘画还能培养学生对形状、比例的敏感性。学生在创作过程中会不断尝试和调整,力求在画面中准确再现物象。这个反复观察、比对、修正的过程,能够使学生对量的把握日益精准。

绘画材料和工具的运用也有助于学生量感认知能力的提升。例如,在使用毛笔时,学生需要控制笔锋的粗细、线条的疏密,这对力度的掌控和肌肉的精细动作提出了要求;在色彩绘画中,学生通过对颜料用量的控制来表现物象的明暗、远近关系,这需要其具备敏锐的对量的判断力。

绘画中的量感认知不应局限于对客观物象的精确再现。在许多优秀的美术作品中,艺术家往往通过夸张、变形等手法来表达主观感受,突出画面的艺术效果。这种主观性的量感处理,体现了艺术家对客观形象的高度概括和提炼。教师在指导学生绘画时,应鼓励其在准确表现的基础上,大胆尝试个性化的量感表达。

(三)音乐节奏与量感的关系

音乐节奏蕴含丰富的数学元素,如音符时值的比例关系、节拍型的分割与组合等。学生感受音乐节奏的过程,也是接受量的概念和思维方式熏陶的过程。

音乐节奏能够帮助学生建立起对时间长短的直观感知。节奏是音乐在时间维度上的组织形式,不同时值的音符按照一定的比例关系组合成富有变化和美感的节奏型。学生在聆听和演奏音乐的过程中,通过对音符时值长短的感受,能够形成对时间量的初步认知。这种以直观感受为基础的量感培养,能够为学生理解抽象的数学概念奠定良好的基础。

音乐节奏蕴含丰富的数学规律,有助于提高学生的逻辑思维能力。一首乐曲的节奏并非杂乱无章,而是遵循着特定的规律,如节拍型的分割与组合、强弱拍的交替等。以简单的四四拍为例,每一小节都由四个四分音符(等时值的音符)构成,这体现了整数与分数的关系。同时,第一拍和第三拍通常为强拍,第二拍和第四拍为弱拍,这体现了二的倍数规律。学生在学习和创作节奏型的过程中,能够领悟这些内在的数学规律,提高逻辑思维能力。一些富有创意的节奏训练还能培养学生的空间想象力,如在脑海中想象节奏型的组合拆分和变化等。

音乐节奏的表现离不开人体动作,肢体协调能力的提升也有利于量感的发展。在音乐教学活动中,教师通常采用拍手、踏脚、击鼓等形式,引导学生用肢体动作表现节奏。例如,学生可以跟随音乐的旋律,用双手轮流拍出二分音符和四分音符的节奏型。在肢体运动的参与下,学生对音乐节奏的感知将变得更加直观和深刻。这样,学生既能锻炼肢体动作的协调性和精准性,又能为培养良好的量感奠定坚实的基础。

四、艺术创作过程中的量感体验

(一)材料选择

在艺术创作过程中,不同的材料因其独特的物理特性和视觉效果,能够塑造出迥异的量感。对材料性质的深入了解和灵活运用,是培养学生量感能力的关键。

从视觉感知的角度来看,材料的色彩、肌理、光泽度等直接影响作品的量感表现。例如,油画颜料厚重、饱和的色彩能够营造出丰富饱满的量感,水彩画清新、透明的色调则能够呈现出轻盈、空灵的视觉效果;粗糙、凹凸不平的材料表面能够强化光影对比,凸显量感,光滑、细腻的材质则能够削弱光影变化,呈现出平面化的视觉感受。因此,引导学生观察、比较不同材料的视觉特征,体验材料选择对量感塑造的影响,能够帮助其在创作实践中作出恰当的判断和选择。

从材料的物理属性来看,质地、重量、硬度、韧性等因素与量感的把握密切相关。例如,泥塑材料柔软、可塑性强,易于捏塑出丰富的肌理和细节,表现出鲜明的量感;金属材料坚硬、有棱有角,更能凸显几何形体的立体感和空间感;石材沉重、厚重,能够传递出稳定、厚实的量感;纸张、布料等轻薄材料则能够营造出飘逸、动感的视觉效果。引导学生亲身体验不同材料的物理特性,探索材料属性与量感表达的关系,能够拓宽其创作思路,丰富其艺术表现力。

从材料的组合搭配来看,不同材料的对比与协调,能够产生丰富多变的量感效果。例如,将粗犷的石材与细腻的木材并置,能够形成强烈的质感反差,凸显材料的独特魅力;将金属与玻璃结合,能够营造通透、流动的视觉感受,呈现出动静相宜的艺术张力。鼓励学生大胆尝试材料的组合与创新,探索不同材料搭配对量感塑造的影响,能够拓宽其艺术视野,激发其创作灵感。

在艺术教学中,教师应充分利用多样化的材料,设计丰富的创作实践活动,引导学生在动手操作的过程中感受材料与量感的关系。例如,开展"材料创意"主题工作坊,提供各类材料任学生选择,引导其根据创作意图和量感表达需求进行材料的选择和组合;组织"材料与量感"专题研讨,引导学生分析经典作品中材料运用与量感表现的关系,总结材料选择的一般规律和方法。通过丰富、生动的教学活动,学生能够在亲身实践中加深对材料特性的理解,提升量感把握能力。

(二)创作中的量感把握

在艺术创作过程中,学生需要精心设计创作步骤,在每个环节中都关注量的变化,并作出恰当的决策和控制。这种量感意识不仅体现在材料的选择和使用上,还体现在创作的全过程中。

学生在构思作品时,需要对各元素的比例关系有一个大致的规划。这种规划建立在对形态、色彩、肌理等视觉元素的敏锐洞察之上。学生要在脑海中想象各种可能的组合方式,推演它们在量上的变化会产生怎样的视觉效果。

在具体的创作步骤中,学生要时刻保持对量的敏感和判断。以绘画为例,从打稿、勾勒到着色,每个步骤都涉及复杂的量的问题。画面构图时形状、边框的大小关系,用色时冷暖色调的比例,以及笔触的疏密、轻重,都需要学生谨慎思考。稍有偏差,整个画面的视觉平衡就会被打破。这要求学生在创作中反复通过与作品的"对话",去感受和体验量的微妙变化,并做出及时的调整。

不同的创作阶段对量感的要求各不相同。前期更加注重整体关系的把握,中期需要注重细节,后期要进行整体的观照和必要的修改。学生要根据创作进程,调整自己的关注点和处理方式。

(三)作品完成后的量感反思

通过对已完成作品的再次审视和思考,学生能够更深入地理解量感元素在艺术创作中的重要性,并对自己的量感把控能力进行客观评估。这个过程不仅能够帮助学生巩固已有的量感知识和技能,还能激发其进一步探索量感奥秘的兴趣和动力。

在引导学生进行量感反思时,教师可以提供一些切入点和思考框架。例如,教师可以引导学生从作品的整体结构、色彩搭配、肌理质感等方面入手,分析其中蕴含的量感元素及其表现效果。通过对比自己的作品与其他同学的作品,学生能够更清晰地认识到不同的量感处理对艺术表现力的影响。教师还可以鼓励学生畅所欲言,分享创作过程中对量感的感悟和心得。在交流讨论中,学生不仅能够相互启发,加深对量感的理解,还能学会用专业术语表达自己的想法,提高语言表达能力和艺术鉴赏水平。

在引导学生进行量感反思时,教师应注重营造宽松、包容的氛围,鼓励学生大胆尝试、勇于创新。教师也要客观评价学生的作品,既肯定其中的亮点和进步,也指出有待改进的方面,帮助学生找准提升量感表现的方向和途径。

量感反思应贯穿学生的整个艺术学习过程。教师可以引导学生建立量感反思日志,定期记录对量感的新认识和新感悟。在日积月累中,学生不仅能够形成系统、深入的量感知识体系,还能逐步内化量感意识,做到学以致用、触类旁通。从长远来看,这种反思习惯的养成,将为学生的终身艺术学习奠定坚实基础。

参考文献

[1]　金春雷.指向学生核心素养的主题式校本课程设计[M].上海:上海交通大学出版社,2023.

[2]　张丽,尹相雯.数学教师关键能力评估与发展研究[M].北京:中国社会科学出版社,2023.

[3]　穆晓东,陈建豪.数学综合与实践活动设计[M].上海:上海教育出版社,2023.

[4]　胡秀云,陈丽英,丘珊莲.小学数学智慧教学[M].长春:吉林人民出版社,2022.

[5]　杨西龙.核心素养理念下的数学教学实践[M].沈阳:辽宁大学出版社,2022.

[6]　孟庆云.小学数学概念思维能力教学研究[M].济南:山东大学出版社,2022.

[7]　李惠萍.小学数学核心素养养成课[M].昆明:云南大学出版社,2022.

[8]　徐辉.小学主题课程实践探索与研究[M].北京:首都师范大学出版社,2022.

[9]　马建霞.现代小学数学思维能力培养研究[M].北京:中国书籍出版社,2022.

[10]　晏长春.小学数学核心素养培养的教学模式探索[M].沈阳:辽宁大学出版社,2021.

[11]　张彩琴.小学科学生活化主题STEM课程建构[M].福州:福建教育出版社,2022.

[12]　吴玉国.小学数学[M].南京:南京出版社,2024.

[13]　李中杰.小学数学教学实践多视角研究[M].长春:吉林人民出版社,2022.

[14]　俞宏毓.中小学数学教学设计[M].南京:东南大学出版社,2024.

[15]　吕峰波.小学数学思想方法导引[M].杭州:浙江大学出版社,2024.